真実の扉を開く
ジャーナリズム論

知の翼を羽ばたかせるために

HSUレクチャラー
田中順子

はじめに

電車や喫茶店の中で周りの話し声が耳に入ってくると、悪いとは思いつつ私の意識は、ついそちらに向かってしまいます。面白い話だと、「どうして？」「それでどうなったんですか？」と聞きたくなってしまいます。典型的な野次馬《やじうま》です。

そんな私は、地方局のアナウンサーになり、日本テレビでニュース・キャスターも務めさせていただきました。

ジャーナリズムの始まりは、好奇心ではないかと思っています。ただし野次馬と違うのは、真実を追求しようとする姿勢と、自分を磨こうとする努力の継続が求められること。多くの方に情報を提供するマスコミは影響力も大きく、人を幸福にすることもできれば、間違った方向に導く可能性もあります。

「知りたい」という思いは、人間の本能です。

それに対して現代は、様々なツールを使って情報を入手することが可能な奇跡のような時代です。

しかし、それゆえ人は、どの情報が正しいのか、自分にとって必要な情報はどれなのか、戸惑っています。

いいえ、それさえ気付かずに、情報の渦《うず》に巻き込まれてしまっているのかもしれません。

かつてギリシャのソクラテスは、「知ったつもり」になっている人びとに、人として知るべき「真理」があることを教えようとしていました。「智慧」という子どもを生み出す手助けをするソクラテスは、その手法をお産になぞらえて「産婆《さんば》術《じゅつ》」と呼んでいました。

当時の〝智者〟と言われる人に対して、

「果たしてあなたの言っていることは真実でしょうか」

「なぜ、あなたはそう思うのですか」

「では、この場合はどうでしょう」

「それでもあなたはそれが真実だと思いますか」

と質問をして、間違った思い込みを正していきます。

見せかけの智者たちは、目に見えるものだけを信じ、この世の利益だけを求め、それが真実だと思っていました。ソクラテスは、そうした「魂の間違い」に気付かせるため問答を続けました。

それが結局彼らの怒りを買い、処刑されることになってしまったのです。真理のためなら命を落とすこともいとわない。その精神には尊敬の念を禁じ得ません。

その志は、ジャーナリストも同じではないでしょうか。

一つひとつの事実を積み上げながら、その奥に潜む真理を解き明かす。ジャーナリストは、現代の哲学者と言えるかもしれません。

そうした現代の問題に立ち向かう哲人ジャーナリストに欠かせないものがあります。それは、人びとを幸福に導きたいという「愛」の思いと、真理に到達するための「智慧」、そして正義を求める「情熱」です。
自らも学び続ける身ではありますが、ともに真理を求める仲間たちのために、本書を通じて何かお役に立つことができたら、これ以上の喜びはありません。

２０１６年10月19日

ハッピー・サイエンス・ユニバーシティ　レクチャラー　田中順子

真実の扉を開く
ジャーナリズム論
知の翼を羽ばたかせるために

◇

目次

目次

第2章

ジャーナリズムの使命を考える

――表現の自由はなぜ尊いか

第3章

真実と報道
――公正であることの難しさ

第4章

メディア・コントロール

——情報は操作される

第5章

ジャーナリストに必要な力を身に付ける
——謙虚に努力し続ける

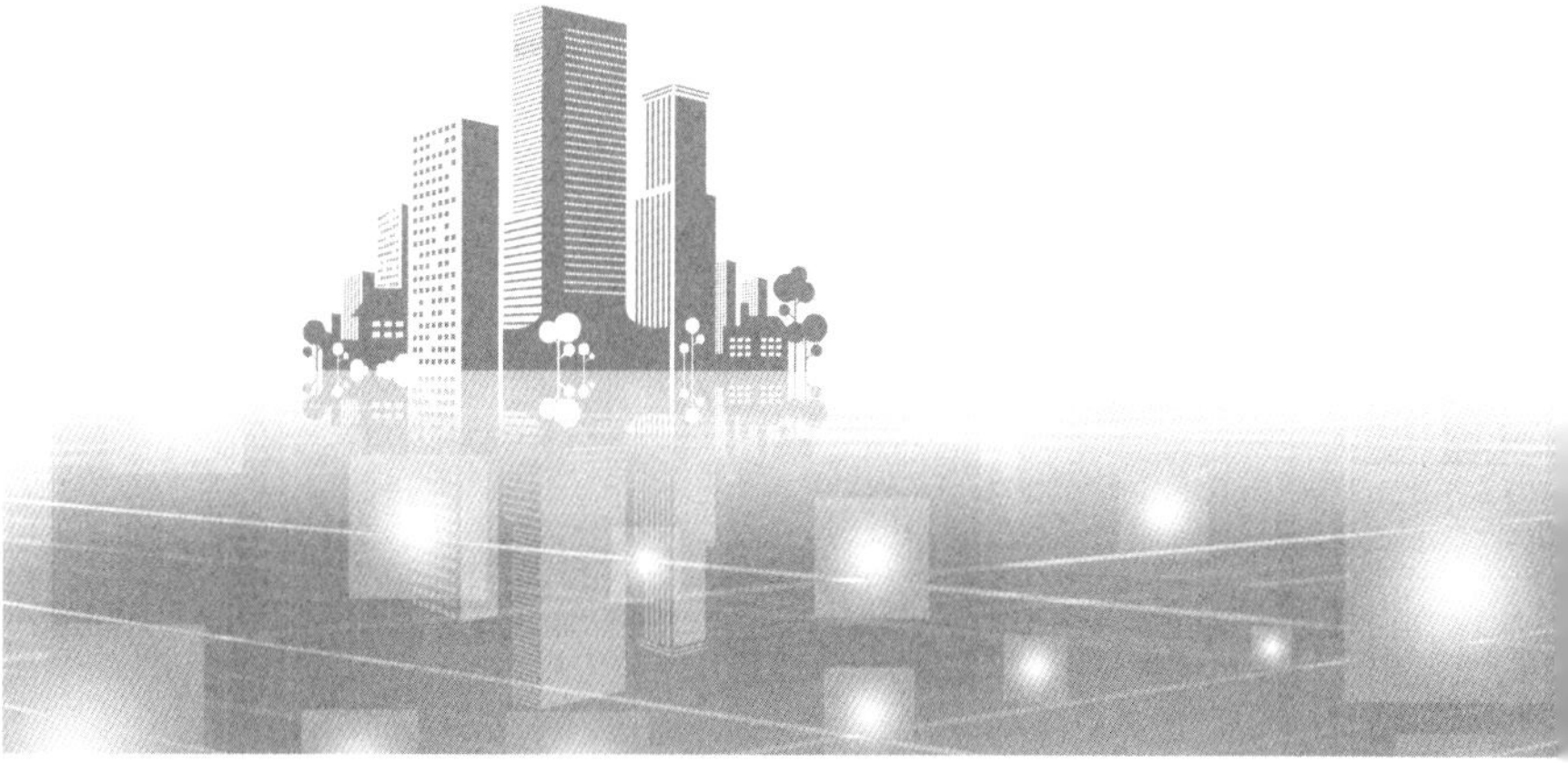

※文中、特に著者名を明記していない書籍については、原則、大川隆法著となります。

第1章

ニュース・キャスターという仕事

伝える喜び

◇キャスターの仕事はニュースを的確に伝えること◇

私がキャスターを務めていた、日本テレビの「ニュース　プラス1」という番組は、月曜日から金曜日の午後6時から放送で、その日のニュースと特集、スポーツや天気予報で構成されていました。

テレビ画面に映るのはキャスターなど数人だけですが、実は一つの番組には100人以上が関わっています。番組全体に責任を持つプロデューサーや政治部、経済部、国際部、社会部、スポーツ部、特集部などのデスクと記者たち。映像の編集やCG、そのほかの素材をつくる人。ディレクター、カメラマン、音声担当、タイムキーパー、照明担当、スタジオセットの美術担当、ヘア・メイクやスタイリスト。本当に大勢の人の力で番組は出来上がっています。

これだけの人たちの努力を受けて、番組のキャスターは最後にそれをスタジオで読み伝えるので、アメリカではアンカー・マン、アンカー・ウーマンと呼ばれています。リレーなどの「アンカー」の意味です。「キャスター」というのは、和製英語です。

アナウンサーとキャスターの違いについてよく聞かれますが、今は大きな違いはないようです。以前はテレビ局の社員を「アナウンサー」といい、ニュース番組の進行をメインで担当する人を「キャスター」と呼んでいました。原稿を読むだけの人はアナウンサー、内容についてコメントを言える人をキャスターと分ける場合もありました。

けれど今は、「スポーツキャスター」「お天気キャスター」など、いろいろな立場に「キャスター」がついています。アナウンサーが、番組によってはキャスターと呼ばれる場合もあります。つまり、実際には明確な線引きはなく、その時々のニュアンスで使い分けられているようです。

ニュース番組のキャスターの仕事は、ニュースを的確に伝えることです。

キャスター自身が取材に行ったり現地からレポートしたりすることもありますが、すべての取材に関わるわけにはいきません。そのため、ほとんどの場合、ほかの人が書いた原稿を読み上げることになります。その際、きちんと内容を理解しニュアンスを伝えるために、取材した記者に話を聞いたり、そのテーマについて事前に勉強をしたり、編集された映像を見たりもします。自分の取材がある日は早朝からでかけ、番組開始直前に局に戻ったりすることもあるので、その場合は急いでほかの原稿を読み、内容を確認して本番に臨みます。

◇どうやって「その日のニュース」を決めるのか？◇

ニュース番組の放送時間は限られています。伝えたいこと、伝えなければならないことは無数にありますが、その中から最終的にどれをどれだけ伝えるか、優先順位と時間配分が決められます。

まずは、情報収集、取材です。

日本には「記者クラブ」という組織があります。記者クラブは首相官邸や官庁・地方自治体（県・市）・警察などにそれぞれ置かれていて、新聞・通信・テレビ各社の記者が参加しています。記者たちは「記者クラブ」を通じて、取材対象が発表するプレス・リリースを手に入れます。

たとえば、文部科学省で何か発表があるとします。会見をする場合もあれば、印刷物が配布されることもあります。すると、文部科学省の「記者クラブ」に所属する記者が情報を受け取り、独自で取材した内容なども含め、それを担当デスクに報告します。デスクは、それを番組のプロデューサー（局によっては編集長と呼ぶ場合もある）に報告します。

「記者クラブ」とは関係なく、記者自身のネットワークやニュースソースから情報を入手し、独自に取材をすることもあります。

世界各地に記者を派遣するわけにはいかないので、共同通信や時事通信といった通信社からも、情報を得ています。

これらの情報をもとに、プロデューサーと各部のデスク、キャスターが参加して、一日に何度か編集会議が開かれます。

ニュースは「生き物」と言われています。会議を開いている間にも、事態はどんどん変わっていきます。午前中に重要だと思われていたニュースの予定項目も、午後になると状況が変わり、違う展開を見せていることもあります。新しい事件も発生します。それを受けて、放送内容もどんどん変わっていきます。番組放送中にさえ変わるのです。

各方面から上がってくるニュースの中で、今日放送すべき内容はどれか、どんな内容で伝えるべきか。この選択に当たっては、数値化された基準があるわけではありません。最初に情報に触れた記者、デスク、プロデューサーの価値判断に委ねられています。その人の知識、経験、感性、傾向性、価値観、そうしたものの積み重ねから、結論が導き出されます。最終判断を下すのはプロデューサーですが、テレビ局の方針によって決められるものもあります。

キャスターのコメントに関しても、個人で決められることは少なく、全体のトーンに合わせて偏りのないコメントに調整されます。

こうして準備された内容ですが、本番中であっても突発的な大事件があった場合は急きょ変更されます。差し替えられたニュースは翌日以降に回されるか、その口でなければ価値がないものは没になってしまいます。記者がどれだけ頑張って取材した内容でも、生放送の場合、こういうことは頻繁に起こります。まさに、ニュースは生き物なのです。

◇秒刻みで進行する放送本番◇

テレビを見ている人たちには、つつがなく番組が進行しているように見えていても、実は裏では大騒ぎです。ニュース一本は短いもので数十秒、通常は1分半から3分程度です。その中に起承転結が盛り込まれ、映像とともに視聴者に届けられます。原稿を書く記者も、映像の編集者も、私たち伝え手も時間厳守。まさに秒刻みの仕事です。

「タイムキーパー」といって、ストップウォッチを片手に時間を計りながら番組の進行状況を伝える役割の人がいます。小さなズレが積み重なって数十秒の誤差が生まれると、それ以降の原稿がカットされたり、スタジオのトークで時間を調整したりということになるからです。

この作業は、スタジオとは別の場所で行われています。壁一面にテレビ画面があり、スイッチのたくさんついた卓がある部屋です。

ここでは、「○○秒押してます（時間が余計にかかっています）。番組が切れます！」「○○の原稿カット！」などという怒鳴り声が響いています。

この決定を受けてスタジオでは、ＣＭの間に原稿を入れ替えたり、新情報を書き込んだりという作業が行われます。余裕のない時は、原稿を読んでいる横からメモを渡したり、スケッチブックに大きな文字で書いたものをカメラの下に提示したりしてキャスターに伝えることもあります。

予定通り穏やかに番組が終了するということはほとんどありません。カメラに向かって微笑《ほほえ》んでいても、心の中では常に次の原稿と進行時間を気にして、何か変更はないかと神経をとがらせているのです。

番組が終わると、翌日に向けて気持ちを入れ替えます。その時点で予定されているニュースのラインナップを確認し、取材が割り振られます。

◇現場取材の大切さ◇

以前は、男性キャスターがメインを務め、女性キャスターはアシスタント的な役割を担うことがほとんどでした。取材においても重要なネタは男性がでかけ、女性は季節の話題や文化的な柔らかいネタの取材に行くことが多かったのですが、最近はその区別もなくなってきています。

取材に行く時は、事前に知識や情報の豊富な担当記者のレクチャーを受け、担当記者と一緒にでかけることもあります。

やはり人に会うというのは大切です。カメラが回っている時は型通りの話しか出ないことも多いのですが、取材終了後の雑談の中で本音がちらりと見えたり、ヒントになるような言葉が聞けることもあります。その場のニュアンスというのは、ほかの人から聞いたのではわかりません。ただ、その微妙なニュアンスを理解するためには、当然ながら日々の勉強が大切です。

担当記者の情報とネットワークには、随分助けられました。

キャスターは、その日の放送時間までに帰ってこなければいけませんから、取材に行ける範囲や時間が限られます。さらに深い取材はほかの記者の方々にお願いし、自分で取材した部分と彼らの情報をすり合わせて最終的な結論にもっていきます。

テレビのニュースは共同作業です。一人の責任で取材と執筆をこなすフリーのジャーナリストとは仕事の仕方が全く違います。

さらにテレビは「放送法」第四条により、

一　公安及び善良な風俗を害しないこと。

二　政治的に公平であること。

三　報道は事実をまげないですること。

四　意見が対立している問題については、できるだけ多くの角度から論点を明らかにすること。

と定められているので、コメントをする際も、かなりの部分で制限が出てきます。

海外の取材にも行きました。

1992年のアメリカ合衆国大統領選挙の取材です。

当時は湾岸戦争直後ということもあって共和党で現職のブッシュ氏の支持率が上昇していました。そんな中で、民主党のビル・クリントン氏が若き大統領として選ばれるかどうか注目が集まっていました。現地で取材してみると、「新しい若い大統領にかけたい」という国民の声は多く、〝風〟を感じました。日本ではわからなかった感覚です。やはり、現場に行くことが大事だと改めて実感しました。

民主党の大会では、ステージ上でハリウッドの人気俳優やミュージシャンがクリントン氏の応援パフォーマンスを繰り広げ、盛り上げていました。そこに、クリントン夫妻と副大統領候補のゴア夫妻が登場すると、会場は熱気に包まれます。ムードに飲み込まれそうになりますが、その中にあっても一歩引いた姿勢で取材を進めます。どんな場でも冷静に状況を見なければいけないのです。

大統領選は、アメリカのメディアにとっても一大イベントです。各党の候補者選びから本選まで、長い期間報道が続きます。そこでは日本と違った現象が見られます。

日本のメディアには「不偏不党」という建前がありますが、アメリカのメディアは、特定の大統領候補を支持することがあります。

たとえばニューヨーク・タイムズ紙は、ブッシュ氏とクリントン氏のテレビ討論を紹介する記事で対照的な写真を掲載しました。一枚は、コートの襟《えり》を立てて一人だけ寒そうにしているブッシュ大統領の姿。もう一枚は、ワイシャツ姿で机に向かっているクリントン氏の姿。その奥には、ドアの隙間から父親を見つめる娘の姿が見えます。「老いた大統領と、家族愛に満ちた精力的な挑戦者」という構図をつくっているのです。明らかに民主党、クリントンに肩入れした表現です。

また、ワシントン・ポスト紙は社説で「クリントン支持」を掲げていました。(1)

大統領選の取材と同時に、米ルイジアナ州バトンルージュで日本人留学生が射殺された事件の取材にも行きました。

留学中の日本人男子高校生がハロウィンパーティーに参加しようとしていたのですが、仮装姿で間違った家の敷地に入り込んでしまったのです。驚いた家の人は銃を持ち出し、「フリーズ(止まれ)!」と警告します。しかし、「フリーズ」という言葉が理解できなかったのか、あるいは「ストップ」と言われれば立ち止まっていたかもしれませんが、彼は「パーティーに来たんですよ」と微笑みながら家人に向かって歩き続けました。その結果銃で撃たれ、命を落としてしまったのです。

高校生に対して銃が使われたということに日本中が衝撃を受けました。現地でも、この事件をいたましく感じるアメリカ人の声を多く聞きました。

刑事裁判の結果、銃を撃った男性は無罪となりました。アメリカは州によって規定はあるものの、自衛のために銃を持つ権利が憲法で認められています。日本とは、銃に対する感覚が全く違うのです。ただ、この事件は、アメリカでも銃規制に対する動きを加速させるきっかけになったようです。

◇感動を伝える人になりたい◇

私が放送に興味を持ったきっかけは、高校受験の勉強中に聴いていたラジオの深夜放送でした。リスナーから送られてくるお便りに一生懸命答えているパーソナリティの姿にあこがれて、「こんな風に、人の悩みに向き合ってあげられるようになりたい。いろいろな場所を訪れ、たくさんの人に会い、感動したことを多くの人に伝える仕事がしたい」と、漠然《ばくぜん》と思っていました。

大学は教育学部に入学したのですが、放送に携《たずさ》わりたいという思いが心の奥に残っていて、全く自信はないものの、〝駄目もと〟で地元・岩手県のテレビ局「テレビ岩手」の試験を受けました。書類審査、一次試験を通過し実技試験へ進むと、そこではニュース原稿を渡されて、カメラに向かって読み上げる試験がありました。難しい漢字の読み方や、最近行った旅行についてのレポートなど、今まで経験したことのない試験に、情報不足で臨んだ私は戸惑いました。

通常、放送局がアナウンサーとして採用するのは年に数名程度で、ゼロの場合もあります。狭き門であるため、本当にアナウンサーになりたい人はアナウンスの専門学校に通って準備をし、たくさんの放送局を受け続けます。まさに、北は北海道から南は沖縄までです。優秀な人たちは、あちこちの最終試験会場で何度も顔を合わせているようで、気軽に挨拶を交わしながら、「○○さんは△△に内定が出たそうですよ」などと情報交換をしています。その姿は受験者というよりも、もうすでにアナウンサー。すぐにテレビに出てもおかしくない雰囲気です。

私だけが本当に場違いで、なぜその場にいるのか不思議なくらいでした。おかげで「記念受験だから、思い出づくり」と開き直って、最終面接はリラックスして臨めました。

ところが、何がよかったのか、採用されたのは私でした。縁というのは本当にわからないものです。

入社してしばらくは研修が続きました。声の出し方から原稿の読み方、CMの読み方やレポートの仕方。少しもうまくならない自分に、毎日ため息ばかり出ます。はじめのころは、「どうしてこんな道を選んでしまったのだろう」と、頭から布団をかぶってのたうちまわっていました。

研修期間が過ぎてテレビに顔出しするようになると、緊張で足が震え、顔はこわばり、原稿は棒読み。ひどいものでした。毎日自分を、「穴があったら入れてやりたい」と思っていました。

そんな毎日ではありましたが、未熟な新人を育てようとしてくれる周りの励ましと、仕事を通じて少しずつ感じ始めていた達成感が、私に続ける勇気をくれました。

アナウンサーというと華やかな世界を想像する方も多いのですが、気力・体力勝負です。ロケ先では機材を持って走ったり、早朝の番組の日は、午前2時や3時に起きて本番に備えることもあります。「うまく出来て当たり前」で、できなければ、怒鳴り声も飛んできます。褒められることより、批判されることの多い仕事です。

それでもこの仕事には感動があります。仕事を通じてたくさんの人と出会い、様々な体験をし、それを伝える。毎日新しいことを知る喜びで心が躍ります。

失敗や批判で傷付きながらも、新たな出会いへの期待が、前に進む力になるのです。

◇ニュース・キャスターになる◇

入社して3年が過ぎると、全国放送で中継を担当する機会も増えました。テレビ岩手は日本テレビの系列局だったので、ここで日本テレビの方々とご縁ができます。これがのちにキャスターとして仕事をさせてもらえるきっかけになるのですが、当時はそんなことは夢にも思っていませんでした。一つひとつの仕事をしっかりこなし、ご縁を大切にするということが、次につながるのだとつくづく感じます。

このころ考えていたのは、もっと自分を磨くためにはどうしたらいいかということ、「留学」についてでした。

もちろん、「やっと仕事に慣れてきたのに、今会社を離れたら今後どうなるのだろうか」「そろそろ結婚を考える年齢なのに、新しいことにチャレンジしてどうするつもりなのか」という不安もありました。「常識」と「もっと自分を磨きたい」

という心のうずきの狭間《はざま》で悩みました。けれども、やらずに後悔するのは嫌でした。そこで、まず資料を集めることにしました。どれぐらい費用がかかるのか。どんな準備が必要なのか。今から始めて準備が整うのはいつごろなのか。必要なことを明確にして検討するためです。

場所は、ニューヨークと決めていました。

一度のチャンスなので、人種のるつぼ、ビジネスやエンターテインメントの中心地で、あらゆることを吸収したい。そう思ったのです。

そこでニューヨーク大学の主催する英語教室に参加し、1年間滞在する計画を立てました。問題は、出発時期です。使えない新人だった私を育ててくれた会社に対し、少しでも恩返しをしたいという気持ちがありました。しかし、30代になるとチャレンジする気力がなくなってしまっているかもしれません。

考え抜いた結果、2年後に出発することを決めました。その時私は27歳になっており、〝ラッキーセブン〟で、人生の再スタートに縁起《えんぎ》がいいように思えました。

次に、資金計画と英語力強化計画を立てました。我ながらかなり厳しいと思いましたが、「これが達成できないなら、それも自分の責任。その時はきっぱり留学をあきらめよう」と腹をくくりました。

そして2年後。私は無事、アメリカに旅立ちました。

ところが、英語は上達しないままアメリカでの半年があっという間に過ぎました。英語学校は、当然ながら英語のできない人の集まりです。つまり、英語の会話が成り立たないので練習にならないのです。さらに、日本人の留学生が多かったため、つい日本語で会話してしまいます。旅行気分の留学なら楽しいでしょうが、せっかく留学したのに、これでは何にもなりません。

クラスメイトの中には、アメリカの大学院入学を控えて英語力のブラッシュアップのために授業を受けている人たちがいました。そこで私もニューヨーク大学大学院への入学について調べてみることにしました。その時、今後の仕事にも役立ちそうな「インタラクティブ・テレコミュニケーション」という、メディアとコミュニケーションに関わる学部を見付け、入学準備に取り掛かります。

突然進学を決めたため、準備は本当に大変でした。無事に入学を許可され、学部長から「これがアメリカよ。アメリカは努力しようとする人に手を差し伸べるのよ」という言葉をいただいた時は、胸がいっぱいになり涙が流れました。

その後、英語に苦労しながらも必要な単位をなんとか取得し、修士論文を残すだけとなったある日、日本テレビからキャスターのお話をいただきました。自信はありませんでしたが、またとないチャンスです。覚悟を決めて帰国することにしました。

それからは、毎日新しいニュースに触れ、必死で勉強しながら伝え続けました。わからないことだらけの私を多くの方が助けてくださったことに、本当に感謝しています。

仕事のペースがつかめてきたころに、修士論文に取り組み始めました。テーマが日本の放送に関わることだったので、日々の体験を生かして書くことができました。仕事をしながら学ぶということは、新しい視点で仕事について考えることもでき、メリットが多かったと思います。

このように仕事をしていく中で、いつからか「使命」や「一生をかける仕事」という言葉が、心の中に浮かんでくるようになりました。それというのも、私は、人が生きていることには大きな意味があるはずだと感じていたからです。

私は子どものころから、人は死んだらどうなるのだろうかと疑問に思っていました。何もかもなくなってしまうのだとしたら、とても寂しく恐ろしい気がしました。まじめに一生懸命生きた人も自分勝手に生きた人も最後はただ消えるだけなら、どうして人は生まれてくるのだろうか、なぜ努力する必要があるのだろうかと、不思議で仕方がありませんでした。「大人になればそんなことを考えなくなる」と言われながらも、私の中からこの疑問が消えることはありませんでした。答えを求めてたくさんの本を読みました。

ある日、大川隆法総裁の『太陽の法』という本を友人が貸してくれ、「これが答えだ」と直感しました。

私たちの魂は永遠の転生輪廻《てんしょうりんね》を繰り返し、人を愛し、誰かの役に立つことで、お互い幸福になっていく。「それでこそ生まれてくる意味もあり、努力する価値もあるではないか」と、本当にすっきりしました。生かされている喜びに、身体《からだ》が震えました。

それならば報道人の役割も、「人の役に立つこと」「人を幸福にすることを伝えること」であると、目的がはっきりします。

そして、2016年からハッピー・サイエンス・ユニバーシティ（以下、HSU）でジャーナリズムに関わる授業を担当することになり、そうした理念にふさわしい知識と技術を身に付けるお手伝いができたらと考えています。

日々、起きる現象には意味があります。その意味を取り違えると間違った報道になり、多くの人を迷わせることになるかもしれません。

一つひとつの事実を積み重ね、そこに潜む真理を発見し、人びとの幸福を願って伝えること。これこそが、ジャーナリストの本懐《ほんかい》だと思います。

【参考文献】

（1）田勢康弘著、『政治ジャーナリズムの罪と罰』、新潮文庫、1996年、27－29ページ

小張アキコ＋山中伊知郎著、『テレビ業界で働く』、ぺりかん社、2006年

第2章

ジャーナリズムの使命を考える

表現の自由はなぜ尊いか

◇ジャーナリズムの役割◇

さて本章では、そもそもジャーナリズムとは何かについて見ていきましょう。「ジャーナリズム」（報道）という言葉のもとである「ジャーナル」の語源は、ラテン語の「ディウルナ」にあると言われています。「一日の、その日の、日誌」という意味です。そのため、ジャーナリズムを「記録」と定義づける見方があります。(1)

1980年代中ごろ、米コロンビア大学のジャーナリズム大学院の講義で「ジャーナリストとは何か」についてこう説明されたそうです。

「まず『ポーター』として情報を言われたとおりにとってきて、それを確実に原稿にするという、記者として最も基本のレベルをクリアする。次に『リポーター』として、それに何らかの状況判断を加えた記事を書けるレベルになる。そして、その上にある『ジャーナリスト』とは、リポーターとしての経験を通じて様々な判断を下すうちに、自分独自のスタンスを確立し、あらゆるテーマに対してもその独自のスタンスから切り込むと同時に、そのスタンスを世の中から recognize（認知）された記者のことをいう」(2)

このジャーナリストの「スタンス」とは、どうあるべきなのでしょうか。

「何のために伝えるのか」、これが大事だと思います。多くの人の役に立ちたい、価値ある情報を伝えたい。つまり、ジャーナリストとは、「人びとの幸福」に奉仕する職業なのです。であるならば、そのスタンスは、「正義」――正しさを実現するための報道でなければならないと思います。

ジャーナリストは時に大きな影響力を持ち、オピニオンリーダーとして旗振り役になることもあります。ですから、起こった現象を伝えるだけでは不十分で、「その奥にあるもの」を伝えなければなりません。つまり、ある出来事の中から人類の宝となり得る「知」を発掘してこそ、ジャーナリストとしての本来の役目を果たせるのではないでしょうか。

◇「知」は人びとのあこがれ◇

学問のミッションとして、ＨＳＵ創立者兼幸福の科学グループ創始者・大川隆法総裁は「**世界を正しい方向に発展させたい**」という願いを語られています（『新しき大学の理念』67ページ）。これはジャーナリズムのミッションにもあてはまります。

私たちが知識や情報を求めるのは、「知」が自分の幸福のために役に立つものであると知っているからです。

「知」は、いつの時代も人びとのあこがれでした。

今から5000年前の古代メソポタミアでは、粘土《ねんど》板に商取引や行政に関わる記録を記していました。さらに、叙事詩や神話、科学、歴史、哲学という記録以外のものが記されるようになりました。こうした文書を保管するための図書館もつくられました。

時代を下るにつれ、図書館は霊的、魔術的、世俗的な知識と知恵の源泉として認められるようになります。この知の宝庫を所有する者は、ほかの者にはない力を持つようになります(3)。まさに、「知は力」だったのです。

古代アテネにおいては民主政治が実現し、成年男子市民であればだれでも自由に民会で発言し、一票を投じることができました。また、民衆法廷の構成員となり、国政の運営や裁判に直接参加することができました。

それを可能にしたのは、国政の情報を公開するシステムです。賢人・ソロンが国政を定め発布した法律は、回転する木の柱に書かれ、アゴラ（広場）にある建物の中に展示され、だれでも見られるようになっていました。さらに、それ以後の法や記録も、パピルスに書かれて保管されるのと同時に、石碑《せきひ》に刻まれて公開されました。人びとはそうした情報をもとに、アゴラやマーケットで語り合いました。しかし、勝手気ままに話しているだけでは、正しい方向に向かいません。

その自由闊達《かったつ》な話し合いの中に、「真理」という英知を授けたのが、随一の智者・ソクラテスです。ソクラテスは言いました。

「多くの人々が、自分ではそんなつもりでなくてもその中にはまりこんでしまって、実際には口論しているだけなのに、そうではなくて自分はまともな対話をしているのだ、と思いこんでいるようにぼくには見えるからだ。それというのも、彼らは論題になっている事柄を、その適切な種類ごとに分けて考察することができずに、ただ言葉尻だけをつかまえては相手の論旨を矛盾に追いこもうとするからなのであって、その場合お互いにしているのは、ただの口論であって対話ではないのだ」(4)

◇ジャーナリズムの始まり◇

中世から近世にかけて、通商活動が盛んになり人びとの行動範囲が広がると、情報の価値が高まってきます。

中世イタリアのベネチアは、アジア・アフリカとの貿易の中心だったため、各地から情報がもたらされました。当初は商売のための情報でしたが、次第に情報そのものがお金になることがわかり、手書き情報を販売する商売が誕生しました。これがヨーロッパ各地に伝えられ、情報交換が行われるようになります。

そして次第に、一枚刷りのビラ、定期刊行物へと発展していきます。特に、1618年に三十年戦争が始まると、複雑に絡み合った宗教対立と政治情勢の情報が求められ、発行物は増えていきました。

どこで戦争が始まろうとしているのか、今売れそうなものは何か。情報は宝です。

18世紀のはじめのイギリスでは、コーヒーハウスに人びとが集まり、旅行者たちがもたらしたパンフレット（小冊子）やビラを読みあれこれ論議しました。そこで出た情報がニュースソースとなって、さらに多くの人に伝わっていきます。人の集《つど》うところに情報が集まり、情報欲しさにまた人が集まる。そして「知りたい」というニーズが高まり、情報を提供する仕事が発達していったのです。

◇言論の自由を求めて◇

さて、経済情報が自由に印刷されたのに対し、政治に関わる情報は、地域の権力者による統制を受けました。為政者への批判や中傷《ちゅうしょう》が広まることを恐れたためです。

「知」を得ると人は、自分で考えて判断するようになり、言いなりになるだけの立場に我慢できなくなります。そして「自由」を求め、自分たちを支配しようとする者に反抗するようになります。だから、権力者は政治に関わる「知」を統制したのです。

世界各地で「言論の自由」「表現の自由」を得るためにこうした権力との戦いが繰り広げられました。各国での歴史を見ていきましょう。

◆イギリス

17世紀イギリスでは、国王と議会が衝突しており、国王批判の言論が徹底的に弾圧されていました。

1641年に国内の政治問題を報道するパンフレット（小冊子）が出版されますが、これは国王と議会の対立の中で出版統制に関する法律の更新がなされず、失効してしまった隙間のできごとでした。(5)

1649年には清教徒革命によって共和政が確立するも、1660年には王政復古、さらに1688〜89年には名誉革命と、目まぐるしく政況が動きます。その間に出版されたニュース本は、王党派、議会派それぞれの言い分を載せたもののみで、客観的な論評が出版されることはありませんでした。

1644年にジョン・ミルトンが『アレオパジティカ（言論の自由）』というパンフレットを出版しました。この中で、「いかなる書物、パンフレットあるいは文書も、任命された検閲官の少なくとも一人が認可し許可しなければ、印刷できないとする検閲令を考え直していただきたい」「良い書物を殺すのは人間を殺すのと同じこと」だと訴えます。(6)

それから45年が経ち、1689年にイギリス人民の権利の自由を宣言する「権利の章典」が宣言され、1693年、イギリス議会が検閲を廃すると議決しました。「新聞の自由」が法的に確立するのです。

以降、言論活動は活発化します。18世紀に入るとトーリー党とホイッグ党の2政党間で主導権争いが繰り広げられ、新聞は各党の政策と動向を伝えました。

ただし、この時点で完全な「報道の自由」が約束されていたわけではありません。少なくとも議会関係の内容は、イギリス議会の承認なく報道することは許されていませんでしたし、政府批判は犯罪と定められていました。逮捕覚悟で議会に潜入したり報道を行ったりした新聞社もあります。

こうした状況に対し1720年、ロンドンの二人の記者が「カトー」のペンネームで、「真実は中傷にたいする防御である」と批判しました。(7)

◆アメリカ

イギリスの植民地だったころ、その統治に不満をつのらせていたベンジャミン・フランクリンは、ロンドンの記者「カトー」の主張に刺激を受けました。印刷業を営みペンシルベニア・ガゼットを発刊していた彼は、「言論」の力を実感していました。そこで、「カトー」の著作を再版します。

1735年、ニューヨーク・ウィークリー・ジャーナルを発刊していたジョン・

ピーター・ゼンガーが、イギリスからのニューヨーク総督《そうとく》を批判したとして裁判にかけられましたが、フランクリンらは「カトー」の思想を根拠としてゼンガーを支持しました。フランクリンらが雇った弁護士は、人びとは「真実を話し、書くことで専制権力を暴露し、反対する権利」を持つと主張し、陪審員はゼンガーを無罪としました。(8)

１７６５年、イギリスは財源獲得のため、北米植民地の公文書や出版物に課税する印紙法を公布します。同意無き課税は強い反発を呼び、一揆《いっき》、ボイコットが相次ぎ、実施不能となりました。この時も言論の旗手としてフランクリンらが活躍しました。

アメリカは当時、イギリスの植民地として支配を受け続けるのか、それとも独立して自由を勝ち取るかで、意見が割れていました。そして論争の結果、アメリカは「自由」を選び独立を果たしました。

オピニオンリーダーとなったフランクリンは、独立宣言起草委員に選ばれ自由の国づくりに奔走《ほんそう》します。次の文は、アメリカ合衆国の独立宣言です。

「われわれは、自明の真理として、すべての人は平等に造られ、造物主によって、一定の奪いがたい天賦《てんぷ》の権利を付与され、そのなかに生命、自由および幸福の追求が含まれることを信ずる。また、これらの権利を確保するために人類のあいだに政府が組織されたこと、そしてその正当な権力は統治者の同意に由来するものであることを信じる。」

この独立宣言には、すべての人は平等につくられ、造物主によって自由や幸福追求の権利を与えられたことが明記されています。これが、アメリカの根幹なのです。

もともとアメリカは、信仰の自由を求めてイギリスを出た清教徒たちによって建てられた国です。この独立宣言をもとに憲法が制定され、修正条項第一条では、信教上の自由な行為、言論あるいは出版の自由が保障されました。

1971年、ベトナム戦争における政府の失態が盛り込まれた「ペンタゴン・ペーパーズ」と呼ばれる極秘報告書がニューヨーク・タイムズなどに掲載されました。

当時のニクソン大統領は、記事の差し止めを求めて提訴しましたが、最高裁判所は、「建国の父は憲法修正第一条で、自由な報道機関にたいし、アメリカ民主主義において基本的役割をはたすうえでの必要な保護を付与した。報道機関は統治される者に仕えるものであり、統治者に仕えるものではない」とし、ニューヨーク・タイムズが公表する権利を支持しました。(9)

◆ドイツ

1933年に政権を握ったナチス党（国家社会主義ドイツ労働者党）のヒットラーは、新聞による宣伝効果を巧みに利用しました。彼は首相に任命されると、

「プレスの自由の保障」を停止する措置を取りました。

同年9月には、ドイツ文化院法を制定しました。国民啓蒙・宣伝省下に帝国文化院が設置され、著述や新聞、映画を含む文化活動が厳しく統制されました。新聞記者法では新聞記者の登録を義務づけ、記者を有資格者に限定します。

さらに、党機関紙を多数発行し、一般新聞の廃刊を進めました。ヒットラーは、国民のあらゆるコミュニケーション手段を支配しようとしたのです。(10)

こうした言論統制によって国民を不幸に導いたという反省から、戦後ドイツのジャーナリズムは、権力批判を理念の柱として活動するようになります。

◆戦前の日本

日本で新聞が誕生したのは、幕末、黒船来航後です。国家は欧米による植民地支配の危機に瀕しており、立ち向かうためには情報が必要でした。しかし、幕府の統制により自由な言論活動はできませんでした。1863年に発行された「官板バタビヤ新聞」は、オランダ領東インド政庁から幕府に献上された機関紙の中から世界各国のニュースを抄訳《しょうやく》したものでした。

1867年、大政奉還が行われ明治政府が誕生すると、翌年6月、政府は無許可新聞の発行を禁止します。旧幕府系の新聞を一掃するためです（1869年2月の新聞紙印行条例では、発行許可制と事後検閲制のもとでのみ新聞発行を認めた）。

1874年、板垣退助らによる民撰議院設立建白書が「日新真事誌」に掲載され、大きな反響を呼びました。これにより、政府も新聞関係者も、新聞が論争や世論形成の場であり、政治的機能を持つことを認識します。

1881年10月の国会開設の詔勅《しょうちょく》後、自由党と改進党が結成されます。政論新聞は、自由党や改進党系と政府の帝政党系に分かれ、論を戦わせました。この間にも新聞の規制は強化され、政府は新聞の発行禁止や発行停止の権限も持つようになります。

1889年、大日本帝国憲法が公布され、法律の範囲内において言論、著作、印刷出版、集会、結社の自由が認められます（第29条）。しかし、法律には様々な規制も含まれていて、実態はとても「言論の自由」と呼べるものではありませんでした。そこで新聞側は、規制を批判する姿勢を取ります。

また、政治論争だけでは売れないので、小説やその他文化的な記事も掲載して売り上げを伸ばす新聞も増えてきます。1892年に刊行された「万朝報《よろずちょうほう》」は華族や名士のスキャンダル、小説といった内容と低価格で人気を得、部数を伸ばしました。(11)

そして、満州事変（1931）、日中戦争（1937年。のちに第二次世界大戦に発展）と戦争が拡大していくと、国民世論を戦争に導く報道一色になっていきます。1938年4月には、国家総動員法が公布されました。

1940年12月には、国家的なプロパガンダ、一元的に言論統制する機関として内閣情報局が設置されます。こうして新聞は、政府のための機関となっていくのです。

◆戦後の日本

1945年8月、第二次世界大戦終結に当たり、日本は「ポツダム宣言」を受諾しました。その中には、「言論、宗教及び思想の自由並びに基本的人権の尊重は確立せらるべし」（第十項）という表現があります。

これを受けてGHQ（連合国軍最高司令官総司令部）は、マスメディアの解放、自由政策を行うかと思いきや、次はGHQによる厳しい検閲が始まります。「占領軍に対する破壊的批評、軍隊の不信もしくは憤激を招く事」「公式発表以外の連合国軍隊の動静」などの報道、論議は徹底的に禁じられました。これらの抽象的な言葉の解釈は、GHQに委ねられます。

1946年11月3日、日本国憲法を公布。第21条において「集会、結社及び言論、出版その他一切の表現の自由は、これを保障する」と定められました。

表現の自由について、京都大学の佐藤幸治名誉教授は、「①個人の人格の形成と展開（個人の自己実現）にとって、また、②立憲民主制の維持・運営（国民の自己統治）にとって、不可欠であって、この不可欠性の故に『表現の自由の優越的地位』が帰結される」と述べています[12]。「表現の自由」はとりわけ重要な権利として日本政府との関係において認められました。

そして、１９５２年４月28日にサンフランシスコ講和条約が発効され、日本は独立すると同時に、ＧＨＱの規制からも自由になります。

こうして手に入れた「言論の自由」は、戦後二つの大きな流れをつくります。

一つは、決して権力には屈しないという「反権力」のスタンスと、「権力」との対立を避ける娯楽を中心とした売上中心主義です。

◇行き過ぎた批判精神◇

人びとが正しい情報を得て自ら判断し、その発言が国政に反映されることが民主主義の根幹です。そのために「言論の自由」「報道の自由」が保障されているのです。

ジャーナリズムは、民主主義を守るために権力を監視するという役割を担っています。

しかし、「反権力」が行き過ぎると、誤った情報によって国民の幸福を著しく損なうことがあります。

たとえば、朝日新聞による「従軍慰安婦」に関する報道です。

朝日新聞は1980年代から複数回にわたり「従軍慰安婦」問題を報じてきました。その結果、従軍慰安婦問題は日韓間の重大な外交問題になり、何度も謝罪や補償を要求されるようになります。さらにこの問題を国際化させようという韓国の意図によって、海外からも日本への非難が高まりました。

ソウルの日本大使館前の従軍慰安婦像に続き、アメリカのカリフォルニア州グレンデール市にもこの像が設置されました。これを受けて読売新聞は、2013年8月1日の社説で、「憂うべき米国での『反日』拡大」「強制連行巡る誤解を正したい」と訴えます。その中で、「そもそもいわゆる従軍慰安婦問題が日韓間の外交問題に浮上したのは、92年のことだ。朝日新聞が『日本軍が慰安所の設置や、従軍慰安婦の募集を監督、統制していた』と報じたのが発端だった」と断じています。そして、これらの記事には裏付けがないことを論じます。

2014年、朝日新聞は、従軍慰安婦問題に関する自社の記事を訂正し謝罪しました。

慰安婦と挺身隊《ていしんたい》の混同や、軍による強制連行であるかのような表記、虚偽の証言の引用、根拠のない情報、裏取りをしない取材記事など、杜撰《ずさん》な報道の実態が明らかになりました。

なぜこうした報道が執拗《しつよう》になされたのでしょうか。

批判のための批判は事実を捻じ曲げ、個人や企業、国家に取り返しのつかない傷を付けてしまいます。度重《たびかさ》なる誤報により日本は言われなき屈辱《くつじょく》を与えられ、未だにその名誉を回復できないでいます。

大川総裁は仰っています。

マスコミの批判精神というものが偏りすぎていて、あまり機能していないのです。やはり、その批判精神のなかに、もう一つ、「正しさの基準」といったものがないですからね。

『いま、宗教に何が可能か』147ページ

マスコミによる権力の監視・批判は「国民の自由と幸福を守るためである」と

いう目的を、常に忘れてはいけません。

◇イエロー・ジャーナリズムの登場◇

もう一つの流れが、売上中心主義です。

19世紀末アメリカを皮切りに、巨大なメディア王が先導するイエロー・ペーパーの時代が到来しました。「イエロー・ペーパー」とは、刺激的な見出しで娯楽性が強い、いわゆるスキャンダルネタを載せる新聞です。黄色の服を着た少年の漫画を連載し、部数拡大を目指したジョセフ・ピュリッツァーのニューヨーク・ワールド紙に由来します。

イギリスでは、アルフレッド・ハームズワース（のちのノースクリフ卿）が大衆新聞王として名を馳《は》せました。彼の新聞「デーリー・メール」や「デーリー・ミ

ラー」では深刻なニュースは取り上げず、大衆が喜びそうな情報の抜粋に紙面を割き、販売網を拡充していきます。(13)

◇報道の使命と企業の利益◇

新聞社やテレビ局などのメディアは基本的に私企業であり、利益を上げる必要があります。新聞社の場合、購読料、紙面に掲載する広告費、イベント開催時の事業費が主な収入となります。テレビ局の場合は、スポンサーからの広告費、また放送業務以外の事業費が主な収入源です。

報道に携わる人間にとっては、「営業利益に縛られず報道機関としての使命を果たしたい」というのが本道ですが、経営者の立場としては、収益を無視するわけにはいかないのが実情です。

世界的なメディア王として知られるルパート・マードック氏は、1988年、世界映像祭でこう発言しています。

「誰にであれ、大衆が支払えるだけの代価を払って欲しがるサービスを提供していくのが優れた新聞の条件である」(14)

「価値ある報道」が必ずしも人びとのニーズと一致するとは限りません。報道の正しさや価値が、いつも販売数や視聴率に結び付くわけではないのです。

また、欧米ではメディアのコングロマリット化と異業種による買収が起こっています。コングロマリット化はバランスの取れた報道を妨げ、一律に管理された情報によって大衆をコントロールする危険があります。また、異業種による買収は、効率化重視・業績向上を目的とした記者や取材の削減を招くこともあります。

◇「表現の自由」は「信仰の自由」から◇

17世紀以降の「表現の自由」を獲得する流れは、主に権力から自由になるための戦いでした。今では、多くの国で「言論の自由」に類する権利が保障されていますし、１９４８年には国際連合で「表現の自由」が採択されています（「世界人権宣言」第19条）。

しかし、実はそれ以前にも「表現の自由」は、さらに根源的な戦いを強いられてきたのです。

それは、「信仰告白の自由」です。

昔から、自らの信じる宗教を表明すると、宗派の違いによって差別され、生命や財産が危険にさらされることがありました。つまり、「信仰を表現する自由」は、時代や地域によって制限されていたのです。

313年、ローマ皇帝コンスタンティヌス一世とリキニウス帝がミラノで会談し、それまで迫害されていた「キリスト教」を公認しました。これによってキリスト教徒であれ、ほかの諸宗教の信徒であれ、信仰を公に表明する自由が得られたのです。

信教の自由とは、①「内心における信仰の自由」②「宗教活動の自由」③「宗教結社の自由」を指します。

こうした神への信仰が保障されたことに伴って、信仰告白や伝道という「表現の自由」が認められたのです。

大川総裁の『「理想国家日本の条件」講義』の中で詳しく語られています。

「言論の自由は絶対であり、信教の自由を批判する言論も許される。それは当然ではないか」と言う人もいますが、言論の自由は、そもそも、信教の自由から出ているのです。

信教の自由が保障されていなかった中世では、火あぶりや魔女狩りなどによって、多くの人の生命や財産が奪われました。信仰の違いの部分は憎しみがいちばん集まりやすいので、信仰の違う人をすぐに処刑したりするのですが、それでは基本的人権を侵害することになります。

人々の生命と、人間として幸福になる権利を保障するためには、どうしても信教の自由を保障する必要があったのです。

そして、信教の自由を保障する以上は、自分が信ずる仏神や思想について意見を述べる自由、すなわち信仰告白の自由が必要になります。キリスト教国、特にプロテスタント系統のキリスト教国においては、近代法の言論の自由は、ここから出てきているのです。

こういう歴史的沿革を無視して、「どのような言論でも許される」と考えるのは、教養のない人のすることです。

『「理想国家日本の条件」講義』64-65ページ

「表現の自由」の根拠は「信仰を表現する自由」、つまり「信教の自由」にあります。本来の「表現の自由」とは、人として崇高なるものを信じ、人びとの幸福に尽くすという「目的」を表明する方法だとも言えるのです。ジョン・ロックは『市民政府論』の中で、「人間はすべて、唯一人の全智全能なる創造主の作品であり、すべて、唯一人の主なる神の僕《しもべ》であって、その命《めい》により、またその事業のため、この世に送られたものである」と語っています。(15)

現在、世界では「表現の自由」が当たり前のように叫ばれていますが、大切なのはその内容であり、表現するという行為自体が尊いのではないのです。ですから、どんな媒体を使うとしても、その中身が問われなければいけません。

その表現は、人びとの成長を促すものであるか。人びとの幸福増進に役立つか。あるいは、いたずらに人を傷付けるものではないか。こうした問いを厳正に行ってこそ、表現することが許され、保障されるのです。

こうした経緯を考えると、日本で宗教に関する報道が制限されている現状は、皮肉なものがあります。宗教がどんなに善なる行いをしようが、人が幸福になる道を説こうが、事件以外では、黙殺されてしまう。これが公正な報道か疑わしいものがあります。

◇「何を表現するのか」が重要◇

1450年ころ、ヨーロッパではじめて活版印刷を発明したのは、ドイツのマインツに住むグーテンベルクです。彼の初期の仕事は、免罪符、ラテン語文法書、カレンダー、聖書の印刷でした。

中世のキリスト教会はラテン語で統一されていました。礼拝やミサ、聖書もラテン語なのですが、ほとんどの人びとはラテン語を理解できませんでした。そのため、イエスの教えを学ぶことができない人びとは金銭と引き換えに「免罪符」を手に入れ、罪から逃れようとしたのです。これによって教会は多大な収入を得、教皇庁にも莫大な資金が流れ込んでいました。大量印刷が可能な活版印刷は、この教会の経済システムに一役買いました。

しかし、これに異論を唱えたのが、マルチン・ルターです。彼は、聖書を研究し、「罪は信仰においてキリストの義の前に消え去らざるを得ないのであって、教会の罪の許しは、キリストの言葉とは違うのではないか」と考えました。そこで、95箇条の提題を掲げ、神学討論を呼びかけたのです。

討論は実現しませんでしたが、この「95箇条の提言」が印刷され各地に出回り、賛同する人が増えていきました。さらにルターは、『新約聖書』をドイツ語に翻訳。すると、大人気でたちまち売り切れるほどでした。ドイツの人びとにとって、聖書の言葉がわかるというのははじめての体験だったのです。

印刷技術そのものは中立です。印刷内容に関係なく、多くの人に情報を伝える役割を果たします。こうした媒体の発達により、「マス・コミュニケーション」が可能になったのです。現在ではインターネットの普及により、さらに多くの情報が行き交うようになりました。今こそ改めて「何を表現するのか」が問われなければならないと感じます。

◇ジャーナリストは「プロフェッション」である◇

欧米では、牧師、医師、弁護士のような社会性の高い知的職業を「プロフェッション」と呼びます。語源は「信仰告白を意味する profess に由来する」という説があります。職業的な「プロフェッショナル」とは少し意味が違い、崇高なイメージです。

医師や弁護士、そのほかの技能が高く責任を問われる職業は、おおむね免許制です。専門知識と専門技術が要求されるのでだれでもできるわけではなく、一定の水準に達していない場合はその仕事に就くことが許可されないわけです。

ジャーナリストも長い間、人間と社会に貢献する「プロフェッション」であるととらえられてきました。また、その影響力の大きさに鑑《かんが》み、ほかのプロフェッションと言われる職業のように免許が必要ではないかという議論がなされたことがありました。大衆受けをするセンセーショナルな記事があふれ、人びとの批判を浴び始めたのが原因です。

しかし、政府など権力の不正を監視するのもまたジャーナリズムの役目です。〝監視の対象〟である政府から〝認可を受ける〟というのは、つじつまが合わない上に、ジャーナリズムの本質である「自由」が抑制されかねません。結局、免許制の議論は立ち消え、各々《おのおの》の倫理観に委ねられることになりました。(16)

「表現の自由」「言論の自由」の象徴とも言えるジャーナリストは、「プロフェッション」としての誇りを失ってはいけません。その自由は「信教の自由」から生まれた尊いものであるということを、忘れてはならないのです。

大川総裁のお言葉があります。

「**『日本の常識をつくっているものは何か』といえば、（中略）一つはマスコミの報道の仕方でもあります**」（『智慧の法』147ページ）。ジャーナリストはその自覚を持って、正しき報道に努めなければなりません。

【参考文献】

大川隆法著、『新しき大学の理念』、幸福の科学出版、2013年

大川隆法＋大川裕太著、『いま、宗教に何が可能か』、幸福の科学出版、2015年

大川隆法著、『「理想国家日本の条件」講義』、幸福の科学、2007年

大川隆法著、『智慧の法』、幸福の科学出版、2015年

（1）秋岡伸彦著、『現代ジャーナリズム論』、東京農業大学出版会、2006年、9ページ／田村紀雄＋林利隆＋大井眞二編、『現代ジャーナリズムを学ぶ人のために』、世界思想社、2004年、23ページ
（2）神保哲生著、『ビデオジャーナリストの挑戦』、ほんの木、1995年、46ページ
（3）スチュアート・A・P・マレー著、日暮雅通監訳、『図説　図書館の歴史』、原書房、2011年、13-18ページ
（4）プラトン著、『国家（上）』、岩波文庫、1979年、351ページ
（5）伊藤明己著、『メディアとコミュニケーションの文化史』、世界思想社、2014年、83ページ
（6）ミルトン著、原田純訳、『言論・出版の自由』岩波文庫、2008年、11-13ページ
（7）B．コヴァッチ＋T．ローゼンスティール著、加藤岳文＋斎藤邦泰訳、『ジャーナリ

ズムの原則』日本経済評論社、2002年、19ページ
（8）B．コヴァッチ＋T．ローゼンスティール著、前掲書、19-20ページ
（9）B．コヴァッチ＋T．ローゼンスティール著、前掲書、20ページ
（10）江尻進＋渡辺忠恕＋阪田秀著、『ヨーロッパの新聞（上）』、日本新聞協会、1983年、133-134ページ
（11）稲葉三千男＋新井直之＋桂敬一編、『新聞学〔第三版〕』、日本評論社、1995年、41ページ
（12）佐藤幸治著、『日本国憲法論』、成文堂、2011年、249ページ
（13）稲葉三千男＋新井直之＋桂敬一編、前掲書、28-29ページ
（14）稲葉三千男＋新井直之＋桂敬一編、前掲書、32ページ
（15）ロック著、鵜飼信成訳、『市民政府論』、岩波文庫、1968年、12ページ
（16）田村紀雄＋林利隆＋大井眞二編、前掲書、148-150ページ

アリストテレス著、村川堅太郎訳、『アテナイ人の国制』、岩波文庫、1980年
伊藤貞夫著、『古典期アテネの政治と社会』、東京大学出版会、1982年
プラトン著、『国家(下)』、岩波文庫、1993年
フランクリン著、松本慎一+西川正身訳、『フランクリン自伝』、岩波文庫、2010年
徳善義和著、『マルティン・ルター』、岩波新書、2012年
菊池良生著、『神聖ローマ帝国』、講談社現代新書、2003年
マルティン・ルター著、『キリスト者の自由　聖書への序言』、岩波文庫、1955年

第3章

真実と報道

公正であることの難しさ

◇事実を積み重ねたウォーターゲート事件◇

報道の原則は、取材を通じて事実を集め、それを積み重ねることで、真実を浮き彫りにすることです。

政府や団体、個人などが抱える諸問題を調査・分析し、問題の所在を明らかにするには、時間と労力がかかります。丁寧に取材を積み重ねる忍耐力と取材力が求められることから、そうした手法をあえて「調査報道」と呼びます。有名なのは「ウォーターゲート事件」です。

ウォーターゲート事件とは、1972年のアメリカ合衆国大統領選で再選を果たしたニクソン元大統領のスキャンダルを指します。当時、共和党の立候補者は現職大統領のニクソンでした。電撃的な中国訪問などの成果を上げ、政治的に大きな失点もなかったため、選挙戦は有利に進められていました。

この年の6月、ウォーターゲートビル内の民主党全国委員会本部に盗聴器がしかけられるという事件が起こります。はじめはただの泥棒騒ぎだと考えられ、大きく報道されることはありませんでした。

しかし、ワシントン・ポスト紙のボブ・ウッドワード記者とカール・バーンスタイン記者はこの事件に関心を持ち独自取材を行います。証拠品の中から名前を見付けると、電話帳でその名前を探し、片っぱしから電話するのです。そこで何かヒントを見付けると、その関係者を探し、証言を取り、現地で考えられるすべての人の話を聞こうとし、ひたすら情報を集め続けました。(1)

こうした緻密《ちみつ》で根気強い取材は、調査報道の理想として評価されています。真実を追い求める記者の情熱と根気、そうした記者を支える組織の体制、個人個人の経験の総合知。営利主義の視点からは無駄に見える効率の悪い地道な取材が、より精度の高い報道を支えているのです。

そしてついに、「この事件は単なる泥棒騒ぎではなく、ホワイトハウスに関わりがある」とするスクープ記事を次々と発表していきます。はじめ、世論はこの事件にそれほど関心を持たず、この年の大統領選でニクソンは大差をつけて勝利し、再選を果たしました。

ところがその後も、次々と新事実が明らかになり、ほかのメディアも追随し、ニクソン大統領再選委員会が黒幕であることが判明します。そしてニクソンは辞任に追い込まれてしまうのです。現役大統領を辞めさせた「ウォーターゲート」は、ジャーナリストにとって語り継がれる事件となりました。

取材に当たったワシントン・ポストのバーンスタイン記者は、当時のことを振り返り、この報道は記者と編集委員の共同作業の結果であったと述懐《じゅっかい》しています。「たったひとつの情報源を重んじるのではなく、あらゆる階層の直接の証人を利用し、すべての情報源を集約することによって、われわれはニクソン政権の秘事を解明できたのである」と。(2)

ワシントン・ポストが確信を持って取材を続けた背景には、有力な情報提供者の存在がありました。ウッドワード記者の知人のＦＢＩ幹部がその人です。当時は「ディープ・スロート」と呼ばれその存在が隠されていましたが、２００５年に本人が告白し、当時のＦＢＩ副長官、マーク・フェルトであったことが判明しています。

もちろん、匿名《とくめい》の情報提供者の証言だけでは記事にはなりません。そのヒントをもとに、取材を続けるのです。彼らも功を焦った結果、思い込みから少ない情報で結論を急ぎ、失敗したこともありました。それを教訓にして、必ず複数の情報をすり合わせ検証するという作業を繰り返し、丹念に事実を積み上げた結果、真実が浮かび上がってきたのです。

はじめから大統領を引きずり降ろそうとしていたわけではありません。それはあくまでも結果だったのです。

バーンスタイン記者は取材を進める中で、ニクソンと深く関わりのある大物が事件に関係があるという事実を突き止めた時、戦慄《せんりつ》が首筋をおりて行ったと言います。なぜならば、その先にあるのは「大統領の弾劾《だんがい》」だったからです。政治的な魂胆《こんたん》があったのではなく、肝心なのは記事そのものだったと彼は言います。(3)

事実の積み上げは、思い込みを捨てて行わなければなりません。はじめに結論ありきで都合のよい事実だけを積み上げると、真実を見失ってしまうことがあるからです。

◇スタンピード現象——反岸に傾いた日米安保改定報道◇

動物の群れなどが一斉に同じ方向に走り出すことを、「スタンピード現象」と言います。同じように、様々な報道機関が一斉に同じ論調の報道を行ってしまうことがありますが、この勢いの中で、立ち止まるのは簡単ではありません。それでも、これは国論を一定の方向に押し流し、国策を誤らせる危険があるため、常に冷静であることが求められます。

1960年、安保改定をめぐって反対運動が過熱しました。日米安全保障条約の改定構想は、アメリカの日本防衛義務を明文化し、条約に期限を付け、内乱条項を削除するもので、おおむね主権国家同士の対等な形式を持とうとするものでした。

しかし、日米関係の強化そのものに反対する左翼勢力や、日本が米ソ全面戦争に巻き込まれることを危惧する勢力、米国の極東戦略へのコミットを深めることを懸念する勢力、非武装中立勢力も有力で、各地で大規模な反対運動が繰り広げられます。これが「安保闘争」です。そんな中、自民党の岸信介元首相は、安保改定を断行します。(4)

今から振り返ってみると、日米安保が日本の平和に貢献してきたことは紛《まぎ》れもない事実です。しかし、当時の新聞の紙面からは、まるで日本中が安保反対一色であるかのような印象が伝わってきます。

また、政府側も報道の力を過小評価しており、適切な対応を取っていませんでした。のちに岸元総理も、「私は新聞やテレビが派手に扱うほどの中味はないと見ていたので（中略）岸内閣のマスコミ対策に手ぬかりのあったことは認めざるを得ない」と振り返っています。(5)

◆旧ソ連の内政干渉

さらに岸元総理は、「米ソ対立の冷戦構造が、そのまま日本の政界にも反映している感があった」とも振り返っています(6)。実際、こうした日本国内の混乱に、旧ソ連（現ロシア）は積極的に干渉してきました。1月27日、グロムイコ・旧ソ連邦元外相は在ソ門脇《かどわき》元大使に覚書《おぼえがき》を渡し、「安保新条約は国を軍国化するものであり、日本国領土から全外国軍隊が撤退しなければ、ハボマイ、シコタンの引渡しには応じられない」と伝えてきました。

この時、朝日新聞は、社説で旧ソ連の理不尽な態度を責めつつも、「ソ連からああした覚書をつきつけられたことに対し、政府の責任をあくまで追及しなければならないと考えている」「国民の不安を無視し、外国の疑念も考慮することなく、国際情勢に対するきわめて狭い視野から、新条約の調印をひたすら急いだのである」と岸政権を攻撃しました。旧ソ連のしていることは内政干渉であるにもかかわらず、岸政権に問題があるという論張です。(7)

さらに、フルシチョフ・旧ソ連元書記長は、インドネシア訪問中にインドネシア議会で日米安保新条約について、「われわれは日本の支配階級がとった世界平和に脅威を与えるような措置を忘れないであろう」「かかるトバク行為は、日本自身にとってきわめて危険なものである」と述べ、再び内政干渉を行い、新聞の一面に大きく扱われました。(8)

本来のテーマは安保改定だったのですが、安保改定による旧ソ連と日本政府の対立構図が強調され、まるで「安保改定によって日本に危機が訪れる」かのような印象を与えています。旧ソ連干渉の要因には、自民党と社会党の対立のみならず、

「世論は岸政権を支持していない」というメッセージを発信するマスメディアの存在も小さくありません。

フルシチョフは、自分の発言が大々的に報道されることで日本国民に安保改定への不安を抱かせ、アメリカとの条約を破棄させるよう圧力をかけていたのです。このように、交渉相手国の国民に直接訴えかけることで、相手国の世論を刺激し交渉を有利に進めることを「パブリック・ディプロマシー（対市民外交）」といいます。

報道は、時にそうした他国の外交政策の片棒を担ぐことになり、自国の国益を損なう危険があるということを忘れてはなりません。

◆ストライキ報道

1960年5月19日、社会、民社両党議員のほか自民党の一部が欠席したまま、新安保条約関係案件を上程し一気に可決すると、連日ストライキの報道が繰り広げられます。

6月1日付の毎日新聞に、「四百万人の参加予定　六・四スト　国・私鉄中心に」という見出しがあります。内容は、「安保批准阻止・岸内閣打倒・国会解散」を要求して総評と中立労連が4日にストライキを行うという発表です。

本文を見ると、「かつてないもりあがりが報告されており」「空前のゼネストが予想されている」とあり、客観的な描写というよりも、過大視、危機意識を煽《あお》る表現となっています。

翌2日は、国家公安委員長の発言を引用し、「こんどのストで倒閣への影響が少ないとみれば、今後ともさらに同様な実力行使がくりかえされる可能性がある」としています。

こうした事態が引き起こされた原因や過程、本来の意味が解説されず、目に見える衝撃的な出来事のみが報道されると、読者の多くは、この問題の根本問題について深く考えなくなりがちだという指摘があります。ストライキによって自分

が受ける被害への不快感から、その要因を取り除こうという意識が働くというのです。(9)

6月4日、総評・中立労連を中心とする統一ストに突入したこの日、ストライキは整然と行われ、大きな混乱はありませんでした。

それを受けて当日の読売新聞の夕刊は、「駅で聞いた〝声なき声〟」というタイトルの記事を掲載します。「ほとんどがストに同調」と結論付け、「整然とストができてトラブルがおきないのは大部分の人が(著者注：ストを)肯定しているからだと思う」「岸さんは声なき声というが、これほどの反対があるのにがんばるのはどうかと思う」というインタビューを紹介しています。

どのインタビューを掲載するか、実際は報道機関が取捨選択しているのですが、読者はそれを「多数の声」だと受け止め、「自分の立場を決定」する材料にします。

では、実際の人びとの反応はどうだったのでしょうか。毎日新聞が同年7月に行った世論調査によると、安保阻止統一行動の政治ストライキについて次のような回答が得られました。

よい　5・6％
よくない　45・1％
やむを得ない　31・9％
わからない　15・6％

さらに、デモについては、

よい　8・0％
よくない　44・5％
やむを得ない　33・9％
わからない　11・8％ (10)

インタビューで取り上げられた内容ほど、世論はストもデモも支持していなかったことがわかります。

◆報道の使命

6月19日の読売新聞社説は、新安保可決について「この条約審議の過程で、幾多の疑点が解明されないままに残されているのである。(中略)国民をしてこの条約の真の意義を理解させ、その施行に協力させるようあらゆる手段を講ずべき」であると批判しています。しかし、この「疑問点の提示」と、「条約の真の意義」などの情報を提供することこそ、報道機関の役割だったはずです。

朝日新聞の6月7日の社説には、「新聞をはじめとして日本の世論はほとんど一斉に岸首相の退陣を求めている」「われわれは、それが1日も早いことを望んでいる」と、まるで国民を代表しているかのような発言も見られます。一連のデモの報道や左翼の過激な発言で埋め尽くされた紙面からは、あたかも国全体がそうした思想に染まっているかのような印象を受けてしまいます。

こうした不安定な情勢の中、アイゼンハワー元米大統領の訪日延期が発表されました(11)。この事実はアメリカにも大きな衝撃を与え、米ニューヨーク・タイムズ紙は、「太平洋の危機であり、アメリカの威信は失われ、日本でのコミュニストの組織的リーダーシップと日本政府の暴徒への対応の弱さが証明された」と伝えました(12)。米ワシントンポスト紙は、「アイゼンハワーの訪日を阻止した日本の左翼の乱暴なデモは、日本の世論が危険なマルキストで、反米だという印象を与える」と書いています(13)。

しかし、新安保条約が自然承認され岸元総理が退陣すると、一転、安保反対の報道も静まり、マスメディアの関心は次期政権の行方に移っていきました。

日米新安保が発効した後に毎日新聞が行った世論調査によると、日米新安保が発効したことについて「よい」もしくは「やむを得ない」とした人は49・2%で、

「よくない」とした22・1％をはるかに上回っていました(14)。やはり、反対一色に染まっていた紙面の印象とは異なる結果が出ています。

果たして当時の報道は、国民に必要な情報を公正に伝えていたと言えるでしょうか。そして、日米安保という事実の重みをどうとらえていたのでしょうか。

もし、岸政権が世論を重視し、その世論を報道内容から推しはかっていたとしたら、日米安保は破棄されていたかもしれないのです。それによって国益が損なわれていたとしたら、その責任はどこに問うことができるのでしょうか。

本来なされるべきだったのは、この新同盟が国民にとってどんな意味を持ち、どれほど重要であるかということを政府が国民に明確に説明することと、マスメディアがこれを的確に報道し、問題点や課題を分析することでした。それによってはじめて、健全な論争や世論形成の手助けができたのだと思います。

国の行方《ゆくえ》を左右する力があるからこそ、ジャーナリストには謙虚さが求められます。そして、時代の空気に流されず、先を見通す眼を持ち、国民の知るべき情報を的確に伝えるための努力が求められるのです。

◇下山事件に見る結論の違い◇

事実を積み上げるのが報道の基本だと述べましたが、入手した情報の中からどれを使うかという判断は、報道機関に委ねられます。その判断によっては同じ事件であっても、全く違う結論が導き出されることがあります。

1949年に起こった下山《しもやま》事件は、どの新聞を読むかによって「他殺か」「自殺か」のどちらの印象になるかが変わるものでした。

1949年7月5日、国鉄の初代総裁・下山定則《さだのり》氏が行方不明になり、翌6日、轢《れき》死体で発見されました。はじめは各紙、他殺の可能性を報じましたが、その後、多数の目撃情報が寄せられ、自殺の可能性も出てきました。

朝日新聞の7月7日朝刊一面の記事は、「他殺説が決定的」「殺して運ぶ? 最高検で見解を公表」「三越で会った男? 他殺説に四つの根拠」という見出しの記事が並びます。同日の毎日新聞朝刊一面には、「他殺説有力 死んでから運ぶ」という記事がありますが、翌日8日の朝刊二面は、「謎を深む下山事件 当日の足どりに新事実?」という見出しで、行方不明当日に下山総裁を見かけたという目撃証言を掲載。現場近くで見かけたという証言もあり、自殺の可能性も感じさせるものになっています。10日の朝刊二面では、「自殺か他殺か 結論未《いま》だし」の見出しで記者座談会記事を掲載し、他殺説、自殺説の根拠を検証します。

これに対して朝日新聞は、9日朝刊二面で、「下山氏自殺説は消滅」「死亡は夜九時-十時 解剖結果 ひかれたのは死体」と他殺説を強調します。

毎日新聞8月4日の朝刊2面では、合同捜査会議の発表を受け「〝自殺の結論〟を了承 下山事件合同捜査会議」という見出しの記事を掲載し、一定の方向を示します。

しかし、8月4日の朝刊で朝日新聞は、二面に「断定はまだ早い」という田中警視総監の発表と、「結論に至らず　合同捜査会議」という記事を掲載し、その後も事件の取材を続けます。

このように報道が分かれたのには理由があります。司法解剖の結果、下山氏が列車に轢かれたのは死後であると判定され、それが他殺の根拠になったのですが、現場検証をした医師は自殺と判断していたのです。ほかの目撃情報や聞き込みの結果、警視庁捜査一課は自殺と結論付け、半年後に捜査を打ち切ります。これに対して同庁捜査二課と東京地検は他殺と考え、その後も捜査を続けました。これらの情報のどの部分を重要と考えるかによって、報道も特徴付けられたのです。

一つひとつの事実を見た時、記者がピンとくる点は違います。「何がニュースであるか」の判断は、記者に委ねられています。その時の先入観、思い入れが強いと、それ以降の様々な情報の中から、その観点に沿った情報を取り入れることになります。そうすると結果は全く違うものになってしまう場合があるのです。

◇客観報道は自社の主張から独立しているか◇

新聞報道には、「客観報道」と「主張」があります。客観報道とは、記事の中に記者個人の主張や意見をさしはさまず、事実を伝えるものです。原則として情報源を明示し、対立する両者がいる場合、双方の立場を伝えます。主張とは、社説やコラムなど、判断や感情を表明するものです。しかし、実際には客観報道も自社の主張から完全に独立することは困難です。

次は、自社の主張と報道記事の関係について見てみましょう。購読数上位の朝日新聞と読売新聞の記事内容を比べてみます。

◆安全保障関連法案

2015年9月、日本の集団的自衛権を可能にする「安全保障関連法」が成立しました。採決前の朝日新聞社説は、「民意無視の採決やめよ」と、反対を訴えていました。国民の多くが不信と不満を抱いているというのがその理由です。

根拠として、朝日新聞社の世論調査の結果、法案賛成が29％、反対が54％であったことと、集団的自衛権行使の違憲性があげられています（「朝日新聞」9月15日）。翌日の9月16日の社説でも、「国会は国民の声を聴け」と題して、公聴会での反対意見を紹介。政府の説明に不信と不安を持つ幅広い民意があると結論付けています。

一方、読売新聞の社説では、9月13日、「今国会で確実に成立させたい」と訴えています。理由は、この法案は法的にも安定性があり、日本の安保環境の悪化を踏まえれば、抑止力を高める必要性が増しているからという内容です。さらに、16日の社説で日米の抑止力向上が中国の独善的行動を阻止し、日中関係の改善を促すものであり、採決の環境は整ったと指摘します。

また、朝日新聞は、連日「反対デモ」の様子を取り上げ、国会前に集まった人

たちの反対の声を紹介し、日本各地で行われている抗議集会の様子を報道します。（9月18日ほか）

対して読売新聞は、17日の記事で反対デモ参加者が機動隊員に暴行して逮捕されたニュースや、デモ主催者が発表した参加人数が、警察発表の3・5倍であったことを伝えました。

そして19日未明、安保法は参院本会議で成立しました。賛成多数で可決される見通しだったので、各紙は19日の朝刊で「安保法案成立」の記事を掲載しました。

当日の記事を見てみましょう。

朝日新聞の一面見出しには、「海外で武力行使に道」「自公、違憲批判押し切る」とあります。ここでも国会前の抗議行動の描写に紙面を割いています。紙面の最終責任者と言われるゼネラル・エディターは「憲法と民主主義を軽んじるリーダー」「国会を大勢の人たちが取り囲む中、私たちの問いかけや国民の反対と懸念の声を無視する形で成立にむけて進んでいった」「安全保障政策のあり方を厳しくチエックする」と記しています。

読売新聞の見出しは、「参院 未明の採決」「集団的自衛権 可能に」です。また、「民主 演説2時間 議事妨げ」の見出しで、民主党が法案の採決を遅らせる目的で長時間演説を行ったという記事を掲載しました。さらに、政治部長は「より幅広い国際貢献も可能となる」「（著者注：法案成立を）高く評価したい」「政府は自衛隊の新たな役割について、国民の理解が深まるよう引き続き努力する必要がある」という言葉を掲載しています。

このように両紙の「安保法案」に対する報道姿勢は、明らかに異なります。

◆ＰＫＯで見る朝日新聞と読売新聞

自衛隊の海外派遣、国際貢献について日本で本格的に議論されるようになったのは、1990年8月に始まった湾岸戦争がきっかけです。

当時、海部《かいふ》内閣は「国際連合平和維持活動等に対する協力に関する法律案」（Ｐ

KO協力法案）を国会に提出し、1990年10月18日から11月7日にかけて、国連特別委員会による審査が行われました。この法案の主な目的は、自衛隊の部隊等及び自衛隊員を含み得る国際連合平和協力隊を創設し、国連決議を受けて行われる国連平和維持活動（PKO）に協力を行うことです。

この時の両紙の新聞報道も対照的でした。

朝日新聞は、「なぜ自衛隊なのか」「攻撃されたら？」「平和協力隊も『軍隊』？」「『攻撃対象に』と懸念も」（10月22日）と、自衛隊を派遣することへの不安を訴える見出しになっています。読売新聞は、「首相答弁　自衛隊参加は憲法の枠内」「国連軍へ協力当然」（10月17日）と、国際貢献に対し肯定的です。

1992年、9月の自衛隊カンボジア派遣を目前にした8月15日は、このような報道でした。

朝日新聞夕刊1面の見出しは、「平和への誓い　『加害』も胸に」「追悼式思い新た」「慰安婦・PKO論議の中」。7面では、「『肉親の気持ち考えて』自衛隊派遣反対の声も」という見出しで戦没者追悼式会場でのインタビューを紹介し、「平和を祈る遺族の心に、この夏は従軍慰安婦に代表される戦後補償問題と自衛隊の海外派遣が、複雑な影を落とした。いまだ清算されていない過去と、将来への不安と――」と続きます。

これに対して読売新聞は、「平和への責務」という企画シリーズの中で「47年目の夏に考える」というサブタイトルを付け、『PKO派遣』調査団に熱い期待」という内容を紹介しています。

自衛隊員のインタビューも特徴的です。「ぜひ行きたいです。自分の力で、困っている人を助けられるんですから」「自分の力を知るためにも国際的な現場で試してみたい」「妻帯隊員に迷っている人がいるのは聞いているが、PKO活動に果たす自衛隊の任務の重要性が分かれば、多くの隊員が率先して参加すると思う」などの言葉を紹介しました。

また、この8月15日の夕刊には、「国連平和維持活動（PKO）への自衛隊派遣を間近に控え、国際社会での新たな日本の役割が注目される一方、従軍慰安婦問題などをきっかけにアジア諸国からは日本の戦争責任を追及する声がかつてなく高まっている」と書かれています。

ＰＫＯと従軍慰安婦問題を同レベルの問題として扱った朝日新聞と、日本のイメージを上げるポジティブな要素として慰安婦問題の対極にＰＫＯを位置付けた読売新聞。ともに終戦記念日の「同じ悲劇を繰り返すまい」という主張の中でＰＫＯを扱いながら、表現には１８０度の開きがあります。

両紙の比較で見られたように、国内のカンボジアＰＫＯに関する議論は、自衛隊派遣をめぐる憲法論議と自衛隊の存在意義に集中しました。こうしたマスメディアの報道姿勢について、以下のような反省が挙げられます。

① 日本国内のカンボジアＰＫＯ論議は、カンボジア人が何を望んでいるかの視点が欠けており、ほとんど自衛隊の派遣が憲法に違反するかどうかをめぐって行わ

れた。(15)

② 人的貢献のあり方、経済貢献とのつながり、なぜ自衛隊でなければならなかったかというような細かい説明、検証記事が少なかった。(16)

③ PKO報道は、現地での自衛隊の動きを丹念に追うと同時に世界の中の日本という視点が大切であり、その中で国際貢献を考えるべきだった。(17)

また、カンボジアのタケオで現地取材した北海道新聞社の記者は、「競い合うように危険情報をたれ流し、その動きを必要以上に加速させたのは、ほかならぬ日本の新聞・通信社だった」と指摘しています。彼のようにタケオに通っている記者たちは現地周辺の安全を確認しているのに、一部の記者たちは首都プノンペンにいながらにして「UNTAC（著者注：国連カンボジア暫定統治機構）幹部の話では」「プノンペン政府軍筋の語ったところによると」という枕詞《まくらことば》で「ポル・ポト派が攻撃に備え、タケオ周辺で勢力を強めている」という「ニュース戦争」を展

開し、危機感を煽ったといいます。(18)

◆朝日新聞と読売新聞の立場比較

なぜ、朝日新聞と読売新聞の報道はここまで違うかというと、両紙の立場の違いです。

1995年、朝日新聞論説委員室は『国際協力と憲法』と題し、2010年ぐらいまでを視野において、日本が非軍事・積極活動国家になるための六つの提言をまとめました。

人道的救援や災害救助のために迅速に動く、自衛隊とは別組織の「平和支援隊」を創設し、非軍事の枠内に限って、国連の平和維持活動(PKO)にも積極的に参加することとし、平和執行軍や多国籍軍に参加することはありえないという提言です。

現行憲法(特に9条)の改定にも強く反対しています。そして、自衛隊は装備や規模などの点で、許される自衛力の範囲を逸脱している疑いが濃く、改編する必要があることや、「朝鮮を植民地化し、中国を侵略、東南アジアの諸国を軍靴《ぐんか》で踏みにじった日本の過去を振り返ると、自衛隊の運用はできる限り抑制的であるべきだ」と主張しています。(19)

一方、読売新聞は、1992年から憲法改正に向けての提言のために憲法研究を始め、同年末に「第一次提言」を発表しました。その後、2004年にも試案を発表しました。

それらによると、自衛のための軍隊の保持を憲法に明記すべきであること、国際協力への軍隊の参加を明文化することが提言されています。現行憲法9条が禁じているのは「国際紛争の解決の手段」としての侵略戦争である「武力行使」であり、国連決議にもとづく国際平和協力活動の任務遂行までも、憲法が禁じる「武力行使」に含めるのは間違いであるという立場です。

その理由として、日本の繁栄は日本だけの力によって成し遂げられたものではなく、国際社会が血と汗を流し、平和のため尽力してきたことを忘れてはならないことや、国際社会に占める日本の地位を考えると、平和が脅かされている場合、積極的に平和維持・回復に努めることが当然の責務であり、日本は憲法の制約を理由にした一国平和主義から脱却すべきであること、そのために国際協力を憲法に明確に位置付けることが大切だと論じています。(20)

ＰＫＯは自衛隊派遣論争の原点となった問題ですが、このように、二大新聞が全く反対の立場から主張する場合、政策決定者の間でも意見が割れていることが多いのです。つまり新聞は、政策から独立した立場にいようとしながらも、どちらかの政党、またはグループ、個人を支援していることになってしまい、安定的に情報の適切なチェックを行えなくなってしまいます。(21)

また、メディアを立法・行政・司法に次ぐ「第四の権力」とする見方、あるいは「第一権力」とする見方があります。それだけ大きな力を持つメディアが、明確にその主張を打ち出す時、その意図は別にしても結果的に権力構造の監視の役

割を放棄し、権力に加担したことになってしまうという指摘もあります。(22)

これまで見てきたように、「客観報道」と「主張」は完全に独立しているとは言えません。社説やコラムなどその社の論調に合わせたニュースやインタビューが掲載されることもあるのです。

日本新聞協会の調査によりますと、2015年の新聞購読部数は一世帯当たり0・8部で、減少傾向にあります。複数紙を読み比べている読者はあまり多くないでしょう。そうすると、毎日読んでいる新聞特有の主張に、知らず知らずのうちに染まっている可能性があります。

事実を積み上げ、真実をつかむというのは、簡単なことではありません。だからこそ、取材に関しては常に謙虚であるべきです。先入観を持たずに事実と向き合う努力が必要なのです。

【参考文献】

（1）ボブ・ウッドワード＋カール・バーンスタイン著、常盤新平訳、『大統領の陰謀』、文春文庫、２００５年、15－32ページ
（2）ボブ・ウッドワード著、伏見威蕃訳、『ディープ・スロート』、文藝春秋、２００５年、２３１－２３２ページ
（3）ボブ・ウッドワード著、前掲書、２２９－２３１ページ
（4）五百旗頭真編、『戦後日本外交史〔新版〕』、有斐閣アルマ、２００６年、１０１－１０３ページ
（5）岸信介著、『岸 信介回顧録』、廣済堂出版、１９８３年、６３８ページ
（6）岸信介著、前掲書、４５８ページ
（7）「朝日新聞」１９６０年2月1日
（8）「朝日新聞」１９６０年2月27日
（9）W．リップマン著、掛川トミ子訳、『世論（下）』、岩波文庫、１９８７年、２０１

－206ページ
(10) 内閣総理大臣官房広報室、『全国世論調査の現況　昭和35年度』、国立印刷局、160ページ
(11) 「毎日新聞」1960年6月17日
(12) 'The New York Times', Jun.18, 1960
(13) 'The Washington Post', Jun.18, 1960
(14) 内閣総理大臣官房広報室、『全国世論調査の現況　昭和35年度』、国立印刷局、160ページ
(15) 永井浩著、「PKO『成功物語』への疑問とカンボジア政変報道」『総合ジャーナリズム研究』秋季号（1997年10月）162号、東京社
(16) 日本新聞協会　審査室編、「PKO協力法報道を振り返る」『新聞研究』1992年8月号：通巻493号、日本新聞協会
(17) 長谷川恵一著、「PKO取材と報道」『新聞研究』1992年11月号：通巻496号、

日本新聞協会

(18) 五十嵐正剛著、「誤算続きのＰＫＯと報道の関係」『新聞研究』１９９３年7月号：通巻５０４号、日本新聞協会

(19) 朝日新聞論説委員室編、『国際協力と憲法』、朝日新聞社、１９９５年、24、42ページ

(20) 読売新聞社編、『憲法改正』、中央公論新社、２００４年

(21) 桂敬一著、『現代の新聞』、岩波新書、１９９０年、80ページ

(22) 高橋文利著、『経済報道』、中公新書、１９９８年、viページ

第4章

メディア・コントロール

情報は操作される

◇米大統領候補のイメージ戦略◇

「メディア・コントロール」には二つの意味があります。

一つは、メディアが意図的に世論をコントロールするということです。もう一つは、世論を形成するために、メディアがコントロールされることがあるということです。

政治家をはじめ、「より多くの大衆に影響を与えたい」と考える人は、マスコミを有効に利用することを考えます。政治家たちは自分たちの政策を支えるために、マスコミを利用して積極的に世論の形成を試みることもあります。

しかし、政府によって情報が管理されると、人は自由を失い生きる希望を持てなくなります。ジョージ・オーウェルの小説『１９８４年』のような世界が展開するのです。(1)

戦後のアメリカ大統領選挙においては、技術の進歩とともに、マスコミをうまく活用しようという動きが活発化してきました。

第33代大統領のハリー・S・トルーマンは、一般教書演説（日本の首相の施政方針演説と同じ）をラジオで生中継しました。第34代大統領のドワイト・D・アイゼンハワーは、大統領選挙戦にはじめてテレビCMを利用し、テレビによる政治宣伝がきわめて効果的であることを実証しました。その後、政治にテレビを組み込むという新しい流れができました。

1960年9月26日、アメリカの大統領選ではじめてテレビ討論が行われ、ケネディとニクソンが戦いました。討論をラジオで聴いていた人たちは、ニクソンが圧倒的に優位という印象を持ったそうですが、実際はテレビ映りのよいケネディが優勢となり、ケネディはニクソンに逆転勝利したと言われています。

テレビが生んだ政治的スーパースター・第35代大統領のジョン・F・ケネディは、テレビ中継の記者会見スタイルを確立しました。(2)

第37代大統領のリチャード・ニクソンの時代は、ニクソン元大統領の首席補佐官・H・R・ハルデマンが中心となり、マスコミ対策、イメージ戦略を推進しました。また、世論対策戦略会議、その日の広報方針決定会議を設置し、マスコミ編集者を定期的にホワイトハウスへ招請《しょうじょう》しました。

ニクソン自身、積極的にマスコミを利用します。1972年2月21日から一週間、中国を訪問しますが、そのタイミングはアメリカ大統領選のニューハンプシャー州予備選挙（3月7日）を控え、外交成果を選挙に利用するには絶好の時期でした。さらに、ニクソンの北京入りは米国東部時間の夜10時半で、アメリカの3大ネットワークは、午後8時半から特別番組を開始します。このマスコミ戦略が、ニクソン当選に決定的な効果を上げました。

しかし、マスコミをコントロールしていたはずのニクソンは皮肉なことに、ウォーターゲート事件でマスコミの攻撃にさらされ、最後は辞任に追いこまれてしまいました(3)。マスコミは友人ではありません。いつでも好意的に取り上げてくれるとは限らないのです。

◇戦争におけるメディア・コントロール◇

アメリカ政府が大統領選挙と並んでマスコミに対して細心の注意を払うのは、戦争の時です。

たとえばベトナム戦争です。当初、ベトコン（南ベトナム解放民族戦線）と北ベトナム軍は、ジャングルや水田《すいでん》を戦場に選び、神出鬼没《しんしゅつきぼつ》のゲリラ戦術をとっていました。そのため取材は困難で、アメリカが苦戦していること、甚大な被害が出ていることが、アメリカの一般国民に伝わっていなかったのです。

しかし、1968年のテト攻勢で、ベトコンは都市部に攻勢をかけてきます。

そこでベトナム入りしていたジャーナリストたちが、生々しい現状を報道し始めます。するとアメリカ国内で厭戦《えんせん》感情と大規模な反戦機運が高まり、政府は批判にさらされます。

この件はアメリカ政府にとって、マスコミにすべての真実を報道させることのリスクについて考えさせる大きな転機となりました。以降、ホワイトハウスはいかにして不利な情報をマスコミに流させないようコントロールするかに知恵を絞るようになります。

1990年に勃発した湾岸戦争は、アメリカ国内のメディア・コントロールが完全な成功を収めた例です。

ジョージ・H・W・ブッシュ元大統領はまず、開戦前の情報操作として、フセインを国際社会の敵に仕立て上げ、残虐非道ぶりを宣伝します。フセインを強大な敵と位置付け、アメリカが勝利する期待感を低く抑えました。

そして開戦後には、戦争報道から「血の匂い」を完全に消去したのです。

これは、反戦運動を煽《あお》ったベトナムの過ちを繰り返さないためでした。前線においては取材規制を敷きました。ペンタゴンから提供される写真や映像は、ハイテク兵器による攻撃模様が多く、軍事施設だけを攻撃目標にしているため、民間人には一切被害がない、クリーンで苦痛がないかのようなイメージをつくりました。「取材制限」「検閲」「情報操作」を徹底し、「新世界秩序」の形成をうたったのです。

これにより、停戦直後のブッシュ政権の支持率は90％まで跳ね上がります。(4)

◇9・11のプロパガンダ◇

息子のジョージ・W・ブッシュ元大統領の在任時、9・11事件（米国同時多発テロ事件）が発生しました。アメリカのマスコミは、混乱や喪失感、分裂状態に陥る人びとの非日常的体験をセンセーショナルに報じました。

危機意識を煽ることで、国民的アイデンティティを高める「愛国主義のジャーナリズム」が全面に出てきました。逆に「公平」「公正」「客観性」は抑えられ、米国三大ネットワークの一つ・CBSのアンカー・マン、ダン・ラザーは「ブッシュ大統領からの要望を受けいれる準備はできている」と言い、「戦火のアメリカ」「我々はともに団結しよう」「アメリカに神のご加護を」といったキャッチフレーズがマスコミを埋め尽くしました。

この時「なぜ9・11事件は発生したのか」「だれがこの攻撃に対して責任を取るべきか」「なぜ市民を守れなかったのか」などの疑問は浮かび上がらず、政府のタカ派が提起する「愛国心」にマスコミは便乗してしまっていました。

9・11事件のおよそ一ヵ月後、ワシントンにある上院民主党院内総務事務所を皮切りに、炭疽菌《たんそきん》に犯された手紙が議会関係者やメディアに送り付けられるという事件が発生しました。マスコミは報道で恐怖を煽り、「炭疽菌攻撃と9・11事件、オサマ・ビン・ラディンやサダム・フセインは関係している」という認識がアメリカを包みました。

実は、この犯行はアメリカ人によるものであり、ＦＢＩは早くからこの事実をつかんでいました。しかし、情報源は政府にあることからこの事実は公表されず、ブッシュ政権はこの事件を、国民の意思をテロへの反撃に統一するために利用したのです。(5)

政府は、政策を実行しやすくするためにマスコミを利用して世論を形成しようとします。情報源が政府のみの場合、マスコミはそれを流すことしかできません。混乱時には、必要以上に恐怖を煽る報道が行われます。

記者たちは、一部分をとらえてセンセーショナルなストーリーを追う傾向があり、背後にある大きな文脈から目をそらしてしまいがちです。読者や視聴者も、落ち着いた解説より今起こっている衝撃的な映像に目が行きがちです。そうしたニーズに応えようと、さらに報道がエスカレートするという悪循環が起こります。

◇経済政策におけるメディア利用◇

アメリカのマスコミ操作は、対外的な経済交渉においても行われています。交渉内容に対する国内の反発を抑え、国内外の世論を形成し、交渉を有利に進めるためです。

アメリカ政府はマスコミを使って、経済交渉におけるアメリカ政府の「強硬さ」と「成果」を自国民に印象付けようとします。それは、時に実態以上です。「アメリカ側の厳しい対応に交渉相手がひるみ、妥協し始めた」という偽情報を流しておき、合意が成立した時に、「妥協したのは相手のほうだ」とアメリカ国民が思うような環境をつくることさえあります。(6)

1995年5~6月の日米自動車・自動車部品交渉では、アメリカのカンター元通商代表と日本の橋本元通産大臣が、長い交渉の末ようやく合意にたどり着き、共同記者会見を開く直前、クリントン元大統領がワシントンで緊急記者会見を行いました。

大統領は冒頭で「今日、自動車および自動車部品市場を米国企業に対して真に開くことに、日本が合意した」と宣言します。しかし実際の論争は数値目標をめぐるものであり、米側こそが「大幅譲歩」を明示していたのです。しかし、この発表に先駆けて大統領が「日本が合意した」と表現することによって、「アメリカは交渉に勝った」という印象を与えることを画策したのです。

合意内容が書かれた文書を見れば、事実は明らかです。そこでカンター元通商代表は、アメリカの三大ネットワークが「アメリカが譲歩した」という事実を当日夜のニュースに入れられないように、締め切りに間に合わない時間になるまで資料を配布しないよう指示を出していました。(7)

こうした操作は、一見小細工《こざいく》にしか見えませんが、アメリカ大統領が緊急記者会見を開くということの意味は大きいのです。マスコミは、まずそこに重大ニュースの意味を見ます。さらに、資料が配布されない状態でよくつくりこまれたスピーチを耳で聞くだけでは、大統領の強調する部分こそがニュースだと錯覚してしまいます。その上、この時の緊急記者会見では、記者からの質問は一切拒否されました。

アメリカが勝ったという印象を与える装飾だらけのコメントを並べた結果、事実とは全く逆の報道を行ってしまうマスコミが多かったのです。

さらにカンター元通商代表は、日本のテレビを通じてパブリック・ディプロマシー（対市民外交）をしかけました。日本の消費者に「自動車市場を開放しない日本政府の政策は、物価の上昇、生活レベルの低下という『消費者への打撃』となっているばかりか、世界経済発展への妨げとなっているため、輸出大国たる日本から雇用を奪う結果にもなっている」と訴えかけたのです。(8)

メディアの効果についての研究者・ウィーバーは、「現実」は二元的な知覚で構成されていると言います。一つは、実際の経験からなる「現実世界」であり、もう一つは、マス・メディアを通して見た「メディア的現実」の世界像です。(9)市民にとって、外交の場に参加する機会はほとんどありません。メディアを通じて得られた情報のみが、受け手にとっての〝現実〟となるのです。したがって、マスコミ操作に長《た》けた政治家は、自分に有利な方向に自国他国両方の国民の認識を誘導することが可能になります。

◇広告代理店の介入◇

PR(パブリック・リレーションズ)やPA(パブリック・アフェアーズ)を専門とする広報戦略企業の存在も無視できません。これらの広告代理店は、国家や自治体が戦争・紛争を有利に進めるための広報活動を行っています。

1990年にイラクがクウェートに侵攻した時、「ナイラ」という名の少女がイラク軍兵士の非道ぶりを証言しました。中でも、クウェートの病院で保育器に入った新生児を放り出して死なせたという内容は、世の中に衝撃を与えました。当時、マスコミがクウェートに取材に入れる状況ではなかったので、この証言はそのまま信じられ、湾岸戦争突入への世論形成に大きな役割を果たしたと言われています。

しかし、のちに「ナイラ」は、当時のクウェート駐米大使の娘であり、証言も虚偽であったことが明らかになります。このしかけ人は「ヒル・アンド・ノートン」というPR会社でした。こうした代理店は、直接戦争をすることはありませんが、他国からの支援を得るための宣伝活動を行います。

悲惨な事件は、世界中にあふれています。その中で注目を集め、援助を得るためには、マスコミを使って世論を操作する必要があるのです。

カナダ出身のメディア研究の第一人者・マクルーハンの言葉に、「新聞の中へ入ったものがニュースだった。入らなかったものはニュースではない」「新聞に載っているということは、ニュースであることでもあり、ニュースを作ることでもある」(10)というものがあります。

広告代理店というしかけ人は、自分のクライアントであるクウェートに都合のいい世論を形成するために、ニュースをつくり上げようとしたのです。

1990年代はじめのボスニア・ヘルツェゴビナ紛争の最中、タトワイラー米元報道官がこう言いました。「議会は国民の世論が賛成しない政策には予算をつけません。そして、アメリカ国民に声を届かせるには、なにをおいてもメディアを通して訴えることなんです」(11)

「メディアが取り上げなければニュースにならない」ということは、「メディアがあえて無視することも情報コントロールになる」ということです。たとえば、何らかの抗議行動のデモを大々的に取り上げながら、賛成派のデモは無視するということは往々《おうおう》にしてあります。そうすると、視聴者には、反対派のみがデモを行っているように見えてしまい、「反対が多数の意見なのだ」という認識に誘導するこ

とにもなります。これを「黙殺権」として大川総裁は警鐘を鳴らしています。(『正義の法』218-221ページ)

◇有権者の関心もコントロールされている◇

テレビや新聞は、ある記事に割くスペースや報道する時間量、扱いの大きさによって、読者や視聴者に、「いま何が重要なトピックスであるか」というメッセージを与えます。その影響力は大きく、思考や議論の種となる「議題の設定」に大きな役割を果たしています。

これによって、公衆の関心は特定の争点に誘導され、別の争点や出来事からは目をそらされることになるのです。

ウィーバーたちが行ったある大統領選挙時の報道と世論に関する調査によると、

外交・防衛問題が新聞・テレビの両方で強調されたのを追って、この問題への有権者の関心度が劇的に増大しました。逆に期間中、新聞が環境・エネルギー問題をさほど強調しなかったところ、この問題への有権者の関心度やその後のテレビの扱いが低下したという結果が報告されています。(12)

同じようなことが日本でも、２００５年の「郵政選挙」で見られたという指摘があります。この時は、郵政民営化を推し進める自民党の小泉純一郎元総理が、反対する自民党議員の選挙区に刺客《しかく》を送り込んだことで注目を集めました。

8月31日東京新聞の世論調査では、衆院選公示時の有権者の関心は、「社会保障」が41・1％と圧倒的に高く、「景気対策」18・9％、「財政再建」が17・4％、「郵政改革」はわずか6・8％でした。

しかし、小泉元総理が送り込んだ「刺客」の様子が連日テレビで報道されると、投票日には、「今回の選挙で最も重視した問題」として「郵政民営化問題」と答えた数字は、36・4％と最も高くなっているのです。(13)

報道機関が小泉元総理に肩入れをして報道したわけではないとしても、結果として「郵政民営化」をテーマにした対決の構図が連日報道され、有権者にとって重要な「議題」は「郵政改革」であると認識されることになったのです。

まさに小泉元総理の思惑通りに事は運び、メディアにとっても視聴率や売り上げが伸びるという結果になりましたが、果たして有権者にとってはどうだったのでしょうか。この一点だけの判断で政治家を選ぶということは、決して国益にかなうとは言えません。報道機関には、国民の「知る権利」に応えるために、冷静で客観的な視点が、常に求められています。

選挙になると政治家はメディアをうまく利用しようと考えますが、メディア側がその力を使って選挙結果に影響を与えようとして問題になった事件があります。「椿事件」です。

1993年6月に行われた第40回衆議院議員選挙で与党自民党が過半数を割り、野党に転落し、非自民の細川連立政権が誕生しました。

9月21日の、日本民間放送連盟の第六回放送番組調査会の会合で、テレビ朝日の椿貞良《つばきさだよし》元報道局長が総選挙報道の際、「反自民の連立政権を成立させる手助けになる報道をしよう」という発言をしていたことを報告しました。そして、テレビ報道の公正に反する姿勢が問題視され、椿氏が国会に証人喚問《かんもん》される事態となりました。

メディアの力を私的権力と勘違いしないよう、自らを戒める謙虚さが大切なのです。

◇映像のインパクト◇

映像は真実を伝えると言われます。しかし、その使い方によっては、視聴者の印象をコントロールすることができます。どの部分を強調するかによって、与える印象は大きく変わってしまうのです。

たとえば、戦争の様子を伝える映像は、多くの場合、一番激しい戦闘状況のものを使います。そうすると、その地域全体でそうした激しい戦闘が繰り広げられているかのような印象を視聴者に与えます。ところが、実際は撮影が行われた場所だけ戦闘が激しかったということも、もちろんあるのです。

また、インパクトのある映像は、繰り返し使われるため、その印象が刷り込まれてしまうこともあります。2001年9月11日、アメリカを襲った同時多発テロ事件の際、ニューヨークのワールド・トレード・センタービルに旅客機《りょかくき》が突っ込む映像は何度も放映され、世界に衝撃を与えました。

2011年3月東日本大震災で日本の東北沿岸部を襲った大津波の映像も、世界中で繰り返し放送されたことで、まるで日本中が波に呑《の》まれ壊滅したかのような印象を与えました。

現代の人びとは皆、とてもせっかちになっていて、すぐにわからなければチャンネルを変えられてしまいます。そのため、パッと見て理解できる映像、インパクトの強いものを、効果音付きでどんどん挿入するという傾向が見られます。それによって、刺激的な映像がエスカレートする危険があります。

◇世論調査の実態◇

世論調査のデータは、客観的で信用できる情報だと思われがちですが、実はある結論を導き出すために誘導することも可能です。

朝日新聞で世論調査を担当していた峰久和哲《みねひさかずのり》氏は、世論調査の危険性について次のように指摘しています。

一つは、世論調査の回収率の低下です。幅広く回答を集める必要があるのですが、最近は、「民意を反映している」と言えるほど回答のサンプルが集まらないというのです。だからといって、好意的に答えてくれる人たちに層が集中すると、今度は全体像がつかみにくくなります。

また、回答姿勢の問題もあります。じっくり考えて回答するのではなく、たとえ「知らないこと」であっても反射で回答してしまったりする人が少なくないというのです。

問題なのは、意見をある方向に誘導しようとする質問に乗ってしまう危険性があり、世論をつくり出せてしまうことです。具体例として峰久氏は、２００２年に行われたアンケートを取り上げています。

これは「住民基本台帳ネットワーク」に関する世論調査です。実際のアンケートの質問は長い文章なのですが、ここでは意図を変えない範囲で質問を略して記述します。

Ｑ１．あなたは、住基ネットという言葉を見たり聞いたりしたことがありますか。

ある　59％
ない　40％
その他・答えない　1％

Q2．住基ネットについては、個人情報が漏れたり、不正に使われたりする可能性がある、という指摘があります。あなたは、このことにどの程度不安を感じていますか。

大いに感じている　49％
ある程度感じている　37％
あまり感じていない　9％
全く感じていない　2％
その他・答えない　3％

Q3．住基ネットは8月5日から始まる予定ですが、今のままではプライバシーの保護が十分でないと、延期を求める声もあります。あなたはこれを予定通り始める方がよいと思いますか。それとも、延期するほうがよいと思いますか。

予定通り始める　14％
延期する　76％
その他・答えない　10％

住基ネットについて、Q1では40％が見たことも聞いたこともないと答えていたのに、次の質問に対しては、「不安を感じている」と考える人が全体の86％になっているのです。

それまではこのテーマについての情報がなかったのに、質問の中で「個人情報が漏れたり、不正に使われたりする可能性がある」という情報を知り、「不安に感じた」わけです。

もし、この調査に公正を求めるのならば、マイナス情報だけでなくプラス情報も提示し、選択してもらわなければならないはずです。

実際、結果としてこの世論調査を踏まえた新聞記事には、「個人情報の流出や不正に使われる不安を感じている人が八割以上にのぼり」と書かれています。

繰り返しますが、はじめの質問では「見たり聞いたりしたことがない」が「40％」だったのです。にもかかわらず、質問に答えている間に、不安を感じ、延期を求める人が多数を占めるような結果になったのです。

このように、知らないうちに「誘導」された結果、だれかにとって都合のよい世論をつくり上げることは可能なのです。(14)

政治家はこうした世論調査によって、政策に対する国民の評価をはかります。ということは、意図的に操作された数値によって、政策の変更を促すことも可能だということです。

◇ネット社会の落とし穴◇

◆ネットニュース

2016年5月、アメリカ発のインターネットの大手交流サイト・フェイスブックに、ニュースを操作しているのではないかという疑惑が向けられました。IT情報サイト「GIZMODE《ギズモード》」が、フェイスブックのニュースを紹介する「トレンド」が、米大統領選挙に関して、共和党のニュースを意図的に減らしたと報道したのです。これを受けて、共和党の議員が、フェイスブックに質問状を送る事態にまで発展しました。

フェイスブックのように圧倒的多数の支持を得ている媒体が、もし意図を持って情報を操作したならば、人びとを簡単に誘導できてしまいます。

フェイスブック側は、こうした事実を否定しています。

彼らが情報操作をしていないという説明の一つに、独自のアルゴリズムを使っているので、人間の手の入る余地はないというものがあります。しかし、そのアルゴリズム自体、もともと人間の判断によって構築されているのです。どんな人間が、どういう目的を持ってその計算式をつくったのか。そこが問題です。

質よりも面白さや人気を優先させた場合、人びとが知る必要のあるニュースが知らされない可能性も出てきます。難しいニュース、わかりにくいニュース、今の自分と関係のないニュース。こうしたものは除外されてしまうかもしれません。「トレンド」をつくる会議の中で、「我々はフェイスブックのジャーナリストなのか」という問いかけもなされたようです。ソーシャル・メディアとニュースの境目をまたぐということは、どういうことになるのか、当時だれにも見当がつかなかったと、元従業員が話しています。(15)

ジャーナリズムは、長い時間をかけてその倫理を構築してきました。それは、今なお問われ続けています。

しかし、インターネットの発達により、こうした倫理と無関係の存在が、大量に情報を発信し始めたのです。

大手マスコミにはルールが課せられています。

2000年6月21日に日本新聞協会が制定した『新聞倫理綱領』には、「新聞は国民の『知る権利』を保障する担い手でありたい」という旨に続き、次のことが書かれています。

・新聞の責務は、正確で公正な記事と責任ある論評によってこうした要望にこたえ、公共的、文化的使命を果たすことである。
・言論・表現の自由を守り抜くと同時に、自らを厳しく律し、品格を重んじなければならない。
・報道は正確かつ公正でなければならず、記者個人の立場や信条に左右されてはならない。論評は世におもねらず、所信を貫くべきである。

・新聞は人間の尊厳に最高の敬意を払い、個人の名誉を重んじプライバシーに配慮する。

・報道を誤ったときはすみやかに訂正し、正当な理由もなく相手の名誉を傷つけたと判断したときは、反論の機会を提供するなど、適切な措置を講じる。

また、前述の「放送法」もあります。こうした規範によって大手マスコミは、人びとの信頼を勝ち得ているのです。

ある調査によると、日本で新聞を読んでいる人の割合は83・6%、テレビを見ている人は98・0%、インターネットを利用している人は66・8%でした(16)。

また、「それぞれのメディアへの信頼度」については、新聞が70・6%、テレビが67・3%、インターネットは31・5%というデータもあります(17)。

インターネット人口が増えているとはいえ、信頼できる情報を得たい時には、新聞やテレビを選ぶという結果が出ているのです。

◆だれでも情報発信者

情報社会は、インターネットの登場で大きく変わりました。だれでも発信者になることができ、その内容はあっという間に世界中に拡散します。真偽のほどを確認されることのない情報が、まき散らされています。

匿名《とくめい》により政府、企業、宗教などの機密情報を公開する、「ウィキリークス」というウェブサイトがあります。2007年、イラク駐留アメリカ軍のヘリコプターがイラク市民やロイターの記者を銃撃殺傷した動画が公開され、注目を集めました。

しかし、公開されたアフガニスタン紛争に関する機密資料の中には、アフガニスタン側の情報提供者の身元情報が含まれていたことから、FBIも調査に乗り出しました。こうした暴露は情報提供者の命を危険にさらすことになり、国民の知る権利のためだからといって公開すべき情報と言えるのかどうか、疑問が残るところです。

また、2013年にはアメリカの情報機関で働いていたスノーデンが、機密情報を持ち出して海外で公開しました。スノーデンは罪に問われましたが、それを報道したガーディアン紙はピュリッツァー賞2014を受賞しました。

スノーデン事件では、アメリカが膨大な盗聴を繰り返していたことが明かされ問題になりましたが、「テロに立ち向かうためには盗聴も必要な情報取得だ」と考えるアメリカ国民が多数派だったため、スノーデンへの批判が高まりました。国益を損なうことになろうとも事実を公開するべきなのかどうか、公の知る権利の境界線は、やはり難しいものがあります。

こうした価値判断の基準が明確にされないまま、ネットには様々な情報があふれ、広がっていきます。そして、だれもその責任を問われることがないのです。

インターネットの普及でだれもが発信者になり、ペットの日常から政治批判までおびただしい数の情報が発信されています。報道の記者がかけつけるより早く、事件現場にいた人が映像とともに速報することもあります。

そこに価値を認めつつも、危険ではないかという思いを禁じ得ません。

２０１６年7月6日、米ミネソタ州で白人の警官が車の運転席にいた黒人男性を射殺する映像が、フェイスブックの「Live Video」というライブ動画機能を使って配信されました。助手席に座っていた女性が撮影し投稿したものです。

大勢の人がこの事件の目撃者となりました。残酷な映像がそのまま配信されたことが大きな問題となり、フェイスブックが声明を出しました。

Live Videoは、事件を記録したり救助を要請したりするための強力なツールにもなること、問題のある動画をユーザーが簡単に報告でき、監視チームによって不適切と判断されたものは削除されるしくみになっていることを説明しました。

とはいえ、一旦公開された情報は拡散されることが多く、すべてを削除することは簡単ではありません。また、拡散された情報は、断片的な理解のまま〝一人歩き〟して拡がり、真実と異なった伝わり方をしていくこともあります。

便利な機能の裏にある危険に対し、方策が講じられなければなりません。

◇世論に対する考え方◇

論争になっているテーマについて読む時、読者は、「自分はどういう態度を表明すべきか」ということを無意識のうちに考えます。

多くの場合私たちは、自分の周りにいる人と話をして自分の考えが正しいか、人はどう考えているのかを確認します。もっと多くの人の意見を知りたい時は、テレビや新聞など大手マスコミがどう報じているのか、また「世論調査」の結果はどうなっているのかを知りたがります。そして、「正しい意見」ではなく、「大勢の人が支持する意見」に加担しがちです。

「世論」とは何でしょうか。『広辞苑《こうじえん》』には「世間一般の人が唱える論。社会大衆に共通な意見」とあります。

ドイツの世論研究者・ノエル＝ノイマンは、世論を「論争的な争点に関して自分自身が孤立することなく公然と表明できる意見」と定義しています(18)。

日本人は議論に慣れていません。自分が少数派であった場合、討論するより沈黙してしまいます。けれども、多数意見だから正しいとは限りません。討論を通して、どちらの意見が正しいのかが明らかにされなければなりません。

人が自分の意見を表明するためには、十分な情報と、正しく判断する能力が必要です。その討論の材料となる「情報」を発信するメディアは、材料を公正に伝えなければなりません。公正な報道と言っても、簡単なことではないでしょう。だからこそ、常に「自分にも間違いがあるかもしれない」という謙虚さを持ちながら、正しさを追求する姿勢が求められているのです。

◇国民一人ひとりがメディア・リテラシーを身に付ける◇

ここまで見てきたように、ネットメディアには精査されていない雑情報があふれていますし、大手メディアであっても間違いを犯すことがあります。そこで、情報を伝える側が細心の注意を払うことが大前提であるとしても、受け取る側も心構えが必要です。その情報は正しいのか、なぜそう言えるのかを意識しながら読み解く習慣を持つべきなのです。

特に、日本人は空気に流されやすく、大勢がいいと言うものに従ってしまう傾向があります。しかし、情報の判断、利用の仕方については自分で責任を持つという姿勢が大事です。

ＯＥＣＤのＰＩＳＡ（国際的な学習到達度調査）によると、日本人は「読解力」の成績が落ち込んでいるようです。「読解力」とは、文章や資料から「情報を取り出し」「解釈し」「熟考・評価し」「論述する」力と定義されています。

アメリカでは、小中高の学校カリキュラムに、情報リテラシー教育が組み込まれています。情報リテラシーとは、「情報を見つけ出し、解釈し、分析し、統合し、評価し、伝達する能力」のことです(19)。日本の場合、多くは「情報を見つけ出す」だけで終わってしまっているのではないでしょうか。

こうした基礎力がないと、情報を吟味《ぎんみ》することなく受け入れ、自分の考えを構築することなく、流されてしまうことがあります。

リテラシー教育の手法として、ある番組を視聴し、その意図や手法について分析したり、実際に番組をつくることで、番組制作の背景を理解するというものもあります。

日本でもこうしたリテラシー教育が求められます。

２００４年2月、社団法人日本小児科医会は、『「子どもとメディア」の問題に対する提言』において、二つの懸念を表明しました。一つ目は、メディアとの接触の低年齢化・長時間化です。二つ目に、乳幼児期から〝メディア漬け〟の生活を送ると、コミュニケーション能力が欠如し、心身の発達にも影響を及ぼすと警鐘《けいしょう》を鳴らしました。

幼いころから区別無く情報にさらされるのは、とても危険なことです。

読売新聞が行ったメディアと暴力に関わる調査によれば、幼児の発達段階では「現実」と「フィクション」の区別をつけるのは難しく、暴力的な映像を見続けることで必要以上に恐怖感を持つ子が出ると言います。

大人であれば、ある程度の常識や価値観が確立しているので、その中で情報を無意識のうちに取捨選択していきます。しかし、子供たちは、情報をそのまま現実として自分の日常の中に取り入れてしまう危険があるのです。

読売新聞の調査に対して、日立家庭教育研究所の土谷みち子氏は、ニュースなどのショッキングな内容や映像を子供たちが見る場合は、大人が状況や背景を説明したり、言葉を添えたりすることが大切であると指摘しています(20)。

また、メディアによる暴力描写が人びとに悪い影響を与えているという指摘もあります。暴力シーンに触れることで、必要以上に恐怖心を感じたり、また逆に暴力に対する感覚が麻痺《まひ》したり、自分も同じことをしたくなるという報告もあります(21)。

悲惨な事件が報道されると、その後、似たような事件が続くことがあります。直接的な因果関係は証明されていませんが、これらの映像のインパクトを考えると、やはり配慮が必要です。

同じような被害に合わないよう人びとの注意を促すことも重要です。しかし、その手口を教えることになるという危険性と、「自分も報道されることで目立ちたい」という自己顕示欲を刺激する危険性があり、事件報道には配慮が必要です。

「**一人ひとりが、判断ができて未来を考えることができる自立した個人として、自分を成長させていかねばならない**」(『智慧の法』31ページ)と、大川総裁もメディア・リテラシーの重要性を強調しています。

政府やマスコミの情報を判断する「智慧」が、国民一人ひとりに求められています。多数意見に流されるだけでは、民主主義は衆愚制に陥ってしまうからです。

【参考文献】
大川隆法著、『正義の法』、幸福の科学出版、2016年
大川隆法著、『智慧の法』、幸福の科学出版、2015年
（1）ジョージ・オーウェル著、高橋和久訳、『一九八四年』、ハヤカワepi文庫、2009年
（2）佐々木伸著、『ホワイトハウスとメディア』、中公新書、1992年、30ページ／マーシャル・マクルーハン著、栗原裕＋河本仲聖訳、『メディア論』、みすず書房、

1987年、310ページ
(3) 佐々木伸著、前掲書、32-39ページ
(4) 佐々木伸著、前掲書、106-117ページ
(5) 門奈直樹著、『現代の戦争報道』、岩波新書、2004年、100-105ページ
(6) 近藤誠一著、『歪められる日本イメージ』、サイマル出版会、1997年、142-148ページ
(7) 近藤誠一著、前掲書、145-150ページ
(8) 近藤誠一著、前掲書、150-153ページ
(9) D.ウィーバー他著、『マスコミが世論を決める』、勁草書房、1988年、109ページ
(10) マーシャル・マクルーハン著、前掲書、216ページ
(11) 高木徹著、『戦争広告代理店』、講談社文庫、2005年、34ページ
(12) D.ウィーバー他著、前掲書、115-118ページ

(13) 小林良彰著、「問われる選挙報道の責任と意義」「新聞研究」2005年11月号：第652号、日本新聞協会

(14) 峰久和哲著、「世論調査が直面する大きな壁」「新聞研究」2005年7月号：第648号、日本新聞協会

(15) 'International New York Times', 2016.5.13

(16) 『2013年 全国メディア接触・評価調査報告書』

(17) 「平成26年情報通信メディアの利用時間と情報行動に関する調査」

(18) エリザベート・ノエル＝ノイマン著、池田謙一訳、『沈黙の螺旋理論』、ブレーン出版、1988年、68ページ

(19) 三輪眞木子著、『情報検索のスキル』、中公新書、2005年、180ページ

(20) 「読売新聞」2001年9月14日

(21) 佐々木輝美著、『メディアと暴力』、勁草書房、1996年、第二章、第三章

森本敏著、『日本の安全保障問題』、海竜社、２００７年
田中順子著、「国際政治報道に関するメディア・リテラシー研究試論」『情報社会試論』Vol.11、２００５年
田中順子著、「現代アメリカ政治におけるメディア・コントロール」『情報社会試論』Vol.10、２００５年
稲葉三千男＋新井直之＋桂敬一編、『新聞学（第三版）』、日本評論社、１９９５年
ビル・コヴァッチ＋トム・ローゼンスティール著、『ジャーナリズムの原則』、日本経済評論社、２０１１年

第5章

ジャーナリストに必要な力を身に付ける

謙虚に努力し続ける

◇日々、勉強◇

ジャーナリストの責任を考える時、自分を高める努力は欠かせないものです。「過去」「現在」「未来」とつながる時間の中で、「今」を切り取り、そこに潜む真理と智慧を見付け出して伝えるのが、真のジャーナリストの仕事だと思います。

真実に向かおうとすると、「事実の一面しか見えていないのではないか」「本質を見抜いているだろうか」と疑問は尽きません。真実を見抜くためには多角的な視野が要りますし、そのためには様々な分野の勉強が必要です。

「あらゆる視点を得よう」とする努力は欠かせないのです（『大川総裁の読書力』78-79ページ参照）。

ニュース・キャスターと呼ばれるようになったころ、私は、ジャーナリストの仕事の重さに対してあまりに無力な自分に日々悩みました。そこで、ある大先輩に相談してみました。すると、「はじめは皆そう思う。だから勉強を続けることです。そうすれば少しずつわかるようになってくる。それしかありません。特に、あなたは海外留学の経験があるのだから、それを強みとして、英語の文献を読んで国際的な視点で考えるようにしたらいい」と教えてくれました。

またある人は、「私がいろいろなことを知っているのは、経験してきたからだ。いろいろな事件の一つひとつを見てきたから、自分の中に蓄積したものがある。それを思い出して話したり、比べて批評したりできるようになる。時間がかかるんだ」と仰いました。ある人はインタビューの中で、「とにかく勉強することが山ほどあって。自分の立場は、すごく大きな蟹《かに》の甲羅《こうら》をかぶっているような気がする。見た目は大きくて立派だけれど中身がない。だから、その中身を埋めるために必死で勉強している」と答えていました。

大先輩たちの姿を見ると、自分とはかけ離れた存在に思えて自信をなくすこともあります。けれども、そうなるためには日々の努力があったのだということを知ると、自分のなすべきことも見えてきます。少しでも前進するために日々努力すること。それしかないような気がします。

ある作家の方は、こう言っていました。

「私には才能があるのだろうかと、ずっと悩んでいた。けれど、ある日気がついた。才能があるか悩む前に、自分はもっと書かなければならない。悩むほど自分は書いていないではないかと。そこで、若い人に自分には才能がないのでしょうかと聞かれるたびに、そんなことを考えている暇があったら、もっと書きなさいと言っている」

「努力」と「継続」。その地道な積み重ねが偉人をつくっていくと思うのです。

◇取材する力◇

◆対象についてできるだけ調べる

取材で人に話を聞く時は、できるだけの準備をしなければいけません。それが、相手に対する礼儀です。時々、「先入観なしでお会いしたいので、何も調べないで会いに行く。まっさらな気持ちで会うほうが、いいものを引き出せる」という人がいます。しかし、自分のことを知らずに訪ねてきた相手に、「あなたはどんな仕事をしているのですか?」と基本的なことを聞かれたら、取材されるほうはどう思うでしょうか。

〝まっさらな気持ち〟で聞いて感動を覚えるのは聞き手である自分であって、聞かれる相手にとっては感動でも喜びでもありません。単純な質問がいけないというのではないのです。よく知った上で、あえて素朴でシンプルな質問をするのは効果的な場合があります。読者や視聴者には前提知識がなく、何も知らないことが多いので、それは役に立つ質問でしょう。

けれど、取材の場で向き合うその相手は、自分の事をよく調べて来てくれた人にこそ心を開き、さらにいい情報を提供しようという気になってくれるものです。

ある政治評論家にインタビューした時のことです。取材の途中、私が「つまりこういうことですか?」と聞くと、その方は、「どうして僕の言いたいことがわかるの?」と驚かれました。それは、その方の書いたものを読んでいると、そういうお気持ちがあるのかなと私には感じられたからです。こうなると信頼関係ができて、とっておきの話もいろいろしてくださいました。

自分の仮説が間違っていてもいいのです。「いや、そういうことではなくて」と、話が深まります。準備をし、考えてきたということで、相手を尊重していることが伝わり信頼関係が生まれるのです。

以前、友人がヘッドハンティングの電話を受けた時のことを話してくれました。

彼女は外資系の管理職で、それまでに何度か転職しており、そのたび有利な条件で転職してきた実力者です。

その彼女に電話をかけてきたヘッドハンティングの会社の人間は、

「△△会社の□□と申します。あなたのような優秀な方にピッタリの転職先をご紹介したいのですが」

と言った後、こう聞いたそうです。

「ところで、あなたは今どんな役職で、どんな仕事をしているのですか」

あきれた彼女は、

「私がどんな人間かも知らないで、有利な転職なんて考えられるんですか」

と聞き返してしまったそうです。

これを取材相手に置き換えるとどうでしょうか。

「あなたはどんな仕事をしているのですか」

「私がどんな人間かも知らないで、何を聞こうというのですか」

そう思われたら、信頼関係は築けません。だからこそ、取材の前にはしっかり準備をする必要があるのです。

◆5W1Hを押さえて、質問項目を準備する

取材対象について情報を集め、全体像が見えてきたら、取材目的に合わせて質問を考えます。基本は5W1H――Who（だれが）、What（何を）、When（いつ）、Where（どこで）、Why（なぜ）、How（どんな風に）です。

この情報に漏れのないように、かつ取材するテーマに合わせて必要な内容を考えます。

その際、相手がどのように答えるだろうか、それに対して視聴者は次に何を期待するだろうかと想像しながら質問を組み立てると、流れができてきます。

答えの可能性は複数あるでしょうし、視聴者の関心も幅広いかもしれません。

ですから、時間があればはじめのうちは思い付くものをすべて書き出してみま

しょう。その中から、必要な質問を選び出していきます。

事前にいくつも質問案を検討しておくと、本番で思わぬ答えが返ってきた時でも、慌てずに対応することができます。

ほかの人のインタビューも意識して聞くと、「これはうまいな」とか「自分だったらこう聞くな」と勉強になります。

◆質問内容は、頭に入れる

しっかり取材準備をしたら、本番ではそれにこだわらずにまっさらな気持ちで話を聞く——これが鉄則です。

新人アナ時代の私は、用意した質問にこだわり過ぎて相手の話を全く聞いていませんでした。次にどんな質問をするかということばかり考えていて、相手の話に合わせて質問を変える余裕がなかったのです。相手の言葉が終わったら、すぐ用意していた次の質問をし、その話が終わればまた準備した次の質問をするという状態です。後で映像を見て、話がかみ合っていなかったことに冷や汗が出ました。

メモをちらちら見ながら、話に集中していないような私を、相手はどう思っていたでしょうか。「新人だから仕方がない」と思いお付き合いくださっていたのかもしれませんが、もし私だったら、「私の話を聞いていますか？」と言ってしまいそうです。それに、もったいないことに、相手はとても面白い話をしてくれていて、本当はそこからもっと膨《ふく》らませることができたはずなのです。それなのに私は、ちっとも興味を持っているような顔をしていません。次の質問を考えている顔です。これでは相手は、話を続ける気にならないでしょう。

質問項目は頭の中に入れておきましょう。メモを見てばかりいると、相手の意識も途切れます。やはり、しっかり目を見て話を聞いていてこそ、相手は一生懸命話してくれるのです。

メモは、聞き忘れがないか、最後にちらっと見るくらいがちょうどいいです。

◆相手をリラックスさせる

質問相手は自分以上に緊張しているかもしれません。その状態のままではいい話など聞けません。相手をリラックスさせるためには、いきなり本題から入らず、時間がある時は世間話や雑談から入るのもよい方法です。

また、はじめのうちは、難しい質問や抽象的な質問は避け、具体的で答えやすい質問から入りましょう。

質問にはオープン・クエスチョンとクローズド・クエスチョンがあります。オープン・クエスチョンというのは、５Ｗ１Ｈの質問で、相手の答えは予測できません。そしてクローズド・クエスチョンは、「はい」「いいえ」で答えられるような、限定的な答えの得られる質問です。どちらの質問を使うにしてもまずは答えやすい質問からはじめ、徐々に込み入った質問に移っていくと、答える側も話しやすくなってきます。

さらに、相手の答えがよく理解できない時は、「それはこういうことですか」と自分の言葉で聞き返し、確認しましょう。曖昧《あいまい》な理解のままでは、間違った情報を伝えることになりかねません。

◆聞き上手になる

よい取材とは、相手の言葉の中に光を見付け、そこからさらに大きな宝を引っ張り出す作業です。そのために必要なのは、信頼関係です。しっかり事前準備をして誠意を見せることと、相手の懐《ふところ》に飛び込んでまっさらな気持ちで聞くことが大切です。「まっさらな気持ち」とは〝空っぽ〟ということではなく、前述のように十分準備した上で、それにとらわれずに向き合うことです。

相槌《あいづち》も大事です。相手が乗ってくるのは、こちらが興味を持って聞いている時です。だれでも、自分の話を聞いてほしいと思っています。事前の準備で知っている内容であっても、直接本人から聞くのはまた違う趣のあるものです。真剣に興味を持って聞いていると、「こんなこともあってね」と、とっておきの話をしてくださることがあります。

聞き上手とは、本気で面白がることができる人のことです。相槌を打ったり、驚いたり、不思議そうな顔をしたり。本気で興味を持っていると、伝わるものです。仕事上、失礼なことや聞きにくいことも聞かなければならない時があります。しかし、どのような時にも、人としての誠意や感謝を忘れてはいけません。

私も、マイクを払いのけられ罵《ののし》られたことがあります。殴られたり水をかけられたりした記者もいます。取材には礼儀が必要ですが、真実をつきとめるために、「その真実には伝える価値がある」と信じるゆえに、そうした反応を甘んじて受けなければならない場合もあるのです。

◆人に寄り添いながらも冷静に

どこまで感情移入するかという問題もあります。

ある時、「被害者」としての立場を主張する人にインタビューしながら、もらい泣きしてしまったことがあります。その後、上司からこっぴどく叱られました。真実を追及する立場の人間は公平な眼を持たねばならず、はじめから片方に肩入れして話を聞いてはいけないからです。

また、取材相手と楽しく会話したものの、肝心なことを聞き損ねてしまうこともあります。本気で面白がりながらも、頭の片隅では「聞かなければいけないことを押さえているか」を冷静に確認する理性も必要です。

先入観を持ってインタビューに臨んでしまい、話を聞いているうちに全く違う結論になって慌てたこともあります。途中で質問が続かなくなり、しどろもどろになってしまいました。

インタビューは生き物です。「準備は万全に。現場では臨機応変に」。それでも満足のいく取材などありません。いつも反省と勉強の日々です。

話が脱線したら、程よい所で本題に戻さないと、肝心の部分を聞き損ねてしまうこともあります。会話を楽しみながらも冷静に聞いていて、途中で軌道修正しないといけません。

そして、相手が言い残したことがないように、「これが最後の質問ですが」と言ってあげることです。心の準備もできますし、さらに言いたいことがあれば向こうから言ってくれます。

後になって「あれも聞いておけばよかった」と後悔しないよう、可能な限り情報を集めておきましょう。実際に本番で使える分量は多くはないとしても、取材した厚みは伝わります。何より、自分の自信になります。

また、一ヵ所からだけの情報では、真偽のほども確認できませんし、偏った報道になりかねません。複数の対象から取材をし、確認の取れたものを報道しましょう。

◇情報収集◇

◆インターネット検索

現代人は知りたいことがあると、まずネットで検索します。しかし、闇雲に言葉を打ち込んでも、欲しい情報がうまく手に入るとは限りません。大切なのは、どんなキーワードを入力するかということです。

「キーワード」次第で、出てくる情報も変わってきます。

たとえば、「サッカー」に関する本を探したい時、「サッカー」と入力すると、タイトルに「サッカー」という文字の入った書籍しか出てこないことがあります。

また、同じ意味であっても、「スポーツ」と入力する場合と「運動」と入れる場合では、出てくる答えが違います。そのデータベースをつくった人が、「言葉」と「意味」をどう組み合わせているかによって、答えが変わってくるのです。

たとえば、「お茶を飲みに行きましょうか」と言われたら、共通の文化の中では、「何か飲んだり食べたりしながら休憩をする」という理解が成り立ちます。しかし、厳密に言えば「お茶」を飲むのであって、「コーヒー」や「ケーキ」はあてはまりません。このようにデータベースに情報を入力する人の言語感覚が、自分と同じとは限らないので、キーワードを入力する際は、様々な可能性を考え、言葉を絞ったり、概念を広げたりという作業が必要になるのです。キーワードを選ぶ際は、広い概念、狭い概念、同義語、分類などを意識して検索すると、より目的に合った情報を探すことができます。

インターネットは万能ではありません。だれかが情報を入力してくれているから、検索することができるのです。つまり、入力されていない情報は、探せないということです。インターネットが普及する以前の古い情報は、ネットでは探せないかもしれませんから、その場合は、出版物に当たりましょう。

そもそもネットの情報は、信頼性において不十分なものもありますから、ネットで概略をつかんだ後に、信頼できる文献に当たるように心がけたいものです。

◆図書館を利用する

本屋はスペースが限られているので、新しい本や売れている本が中心になり、古くてよい文献に出会う機会は多くありません。そこで、図書館を活用してみましょう。最も頼りになるのは、国立国会図書館です。

納本制度により、国立国会図書館には日本で発刊された印刷物がすべて存在することになっています。つまり、必要な文献はすべて揃っているということです。ただし、開架式《かいか》ではないので、その場で自分の手に取って本を見ることはできません。受付に必要な文献を申請し、出して来てもらい、さらに必要なページをコピーしてもらう手続きをします。コピーには料金がかかります。

国立国会図書館に比べて蔵書《ぞうしょ》の数や内容に不足はありますが、最寄《もよ》りの図書館を使うのもよい方法です。開架式なので自分で本を探すことができ、有料ですが自分でコピーもできます。レファレンス・サービスといって、資料を探す手伝いをしてくれる人もいますので、相談してみてもいいでしょう。

図書館以外にも取材するテーマに合わせて、東京商工会議所経済資料センター、大《おお》宅《や》壮《そう》一《いち》文庫、地方自治体の行政情報ルームなども利用してみましょう。

データベースは、国立国会図書館のＮＤＬ‐ＯＰＡＣ、Ｂｏｏｋデータベース、Webcat Plus、CiNiiが便利です。

さらに、公開されていない情報を入手する方法もあります。役所に情報公開を請求するのです。所定の手続きを踏むと、公開できるかどうかの審査が行われ、許可されれば入手できます。

手間や時間はかかりますが、良質の資料をたくさん集めることが、記事の信頼につながります。

◆研究者に学ぶ

ジャーナリストと研究者はとても近い存在だと思います。どちらも丹念に資料を集め分析し、結論を導き出すという過程をたどります。

そこで、中国研究者の平松茂雄先生の研究方法に学ばせていただきましょう。私は以前、中国に関する資料を調べていた時に、多くの研究者が「中国が経済成長を遂げたら、民主主義国家の仲間入りをする」という方向の意見を発表している中で、中国による危機を訴えている平松先生の論文に出会いました。そこで、同じような主張をしている方を探したのですが、なかなか見つかりません。中国の海洋進出や南シナ海の問題について調べると、そこでも平松先生のお名前が出てきました。少数派どころか単独で中国による危機を訴えている先生のご指摘は、非常に説得力があり、どうしてこんな危機的状況を日本政府は放っておくのかと不思議で仕方がありませんでした。

その後、平松先生にお目にかかって取材させていただく機会がありました。

平松先生は1960〜70年にかけて、中国が核兵器をつくっていることの危機を訴えましたが、なかなか聞いてもらえなかったそうです(1)。それから40年経ってみると、平松先生が訴えていたことの一つひとつが現実のものとなり、中国による脅威は広く知られるようになっています。

50年以上、中国研究を続けてこられた平松先生の研究方法の基本は、自分の目で「人民日報」と「解放軍報」を徹底的に読むことだそうです。先入観や思い込みを排して徹底的に自分の目で読み、考えること。ほかの新聞・雑誌はそれを補足したり、あるいは個別の専門的なテーマを書いたり、考察する時に使ったと言います。(2)

特別な情報源が無ければオリジナルの記事は書けないのではないかと思いがちですが、実は公開情報を丹念に読み取っていくと見えてくるものがあるのです。そのために、継続的に観察を続けること、その中から意味を読み取る訓練が必要なことは言うまでもないことですが。

大川総裁も、『智慧の法』の中で、公開の情報であっても、それをどのように分析していくかというところは非常に大事な判断で、中国の資源外交など、「**公開情報のなかでも、『異常性』のチェックをして、相手が何を考えているかというようなことも見なければいけません**」と仰っています（２４７ページ）。

情報をコツコツと集め、丁寧に分析していく、その継続が、一見ばらばらに見える事実をつなぎ、真実を浮かび上がらせてくれるのです。

◇レポートする◇

次は、画面を通じてレポートする場合です。

◆取材した内容を確認してまとめる

取材した内容をレポートする際に必要なことを考えてみましょう。

まず、レポートの原稿を書く際、取材内容を確認し、最も伝えるべき内容は何かを考えます。そのレポートの結論に当たる部分です。それを真っ先に伝えることが大事です。本文は、内容を詳しく説明できるよう、５Ｗ１Ｈに漏れがないか、理解しやすい構成になっているかを確認します。

また、どんなにいい文章でも、話し言葉になっていないと、聞き取りにくい場合があります。聞き手に分かりやすくする工夫が大事です。

文章は短く、主語と述語が離れすぎないようにします。耳で聞き取りにくい内容は言い換えます。たとえば、「そうぞう」と聞くだけでは、「想像」なのか「創造」なのかわかりませんから、「頭に描く」「つくり出す」と言い換えましょう。

◆映像を意識してレポートする

中継現場でレポートすることがあります。カメラがまわって映像がある場合と、電話だけの場合がありますが、それぞれレポートすべき内容は変わってきます。

カメラがある時は、はじめてその映像を見る視聴者にとってわかりやすくするための説明が必要です。たとえば、住宅街の映像があっても、視聴者はその中のどこを見ればいいのか分かりません。その時に、「右側に青い屋根があります。そこが現場です」といって視点を合わせてもらいます。こうした誘導も必要です。

また、全体像とフォーカスした両方のレポートが必要になります。その家があるのは都会のど真ん中なのか、家のまばらな所なのか、全体像の映像（引き）があれば伝わります。そしてフォーカスの映像（アップ）で、その家の様子など、詳細を伝えます。

電話レポートなどで映像がない場合には、「閑静《かんせい》な住宅街にひと際《きわ》目立つ洋風の建物があります。屋根は青、壁は真っ白です」と説明を入れれば、聞いている人はその状況を頭に描けます。「住宅街の一軒家で事件は起こりました」とだけ説明された場合との違いを考えてみてください。聞いている人が頭の中にイメージを描けるような説明の必要さがわかると思います。

中継レポートは、スタジオではなく、その場にいるからこそ伝えられるものを大事にしなければいけません。そこで知ることのできた事実、感じることのできたことを伝えてこそ意味があります。

そして、レポートする内容は、見えるものだけでは不十分です。その事件の背景や周りの人びとの反応といった現場で入手した情報や、場合によっては警察や関係者からの情報も盛り込まなければならないこともあります。

よく観察し、人の話を聞き、最初に伝えることを考えましょう。

こうしたことを限られた時間の中でわかりやすく伝えるのは、簡単なことではありません。取材したことや知っていることをすべて盛り込みたくなりますが、「視聴者が今知りたがっていることは何か」「知る必要のあることは何か」に沿って重要な内容を残し、それ以外は切り捨てます。そして、「それをわかりやすく伝えるにはどんな言葉を使い、どういう順番で話すか」「どの部分は映像に語らせて言葉を抑え、どの部分は言葉で補うか」などを考えます。視聴者にとっては、衝撃的な映像を見ながら難しい説明を聞いて同時に理解することは不可能です。「まず映像を見せてから補足するか、説明してから見てもらうか。どちらがよりわかりやすくインパクトがあるか」と考えるのです。

◆知識や情報のストックを増やす

逆に、あまり情報がない段階で時間をたくさん与えられる場合もあります。「今できることは映像を伝えるだけ。それでも何かを話さなければならない」という状況は、かなりつらいものがあります。

スタジオで番組を進行している時に、中継現場とやり取りをする場面でこんなことがありました。現場でも大して情報が得られない状況でレポートをしていた記者は、早々に報告を切り上げて、「現場からは以上です。スタジオにお返しします」とこちらに振ってきます。こちらも手元の情報を読み上げるのですが、それ以上深まりません。まだ時間はあります。そこで、「ではもう一度、現場を呼んでみましょう」と言って相手に振ります。

お互い冷や汗をかきながらその応酬を繰り返し、番組終了後、記者が会社に戻ると、顔を見合わせて苦笑いをし、「まいったね」と労をねぎらい合いました。

こういう時のために必要なのは、日ごろの勉強です。似たような事例の知識があれば、「かつてこういうことがありました」と話をつなげることができるのです。いつ、どんな知識が役に立つか分かりません。まずは広く浅く、いろいろなことを学んでおくとよいでしょう。新聞や雑誌の切り抜き、取材メモもストックしておくのです。

しかし、放送中カメラの前でそれを引っ張り出して見ながら話すというわけにはいきません。必要な時に取り出して話せるように、頭の中にストックしておかなければなりません。ここにも日ごろの努力が求められます。

ある評論家は、「情報が本当に自分の血となり肉となるためには、その情報を自分で加工しなければならない」ということを言っています。手に入れた一次情報（自ら見たり聞いたり経験したりして直接仕入れた情報のこと）の意味を考え、時に疑い、ストックした情報と照らし合わせて、「要するに、これってどういうことなんだ」と自問自答するのだそうです。そして、価値のある情報だけを吸収して自分の中に取り込み、後は捨てるというプロセスを取るのだと言います。

こうしてはじめて、自分なりに加工した情報＝新しい考えが出てきます。「要するにこういうことなんだ」と考えたことが文脈をともなって頭の中に入っていくので、忘れることはありません。頭の中の〝棚〟にそうした情報を整理しておき、さらに、その情報を書いたり話したりすることで、より頭の中に定着し、役立つ情報になっていきます。

◆臨機応変な対応

中継現場では何が起こるか分かりません。状況に応じて臨機応変に対応する柔軟さが求められます。

ある夏祭りの中継をした時のことです。音楽に合わせて大勢の人が町内を踊りながらやってきて、音楽が止まる時に、ちょうどインタビューをお願いした人が私の隣に来るよう段取りをしていました。リハーサルで聞いていますから、音楽は頭に入っています。

ところが、その人がまだ遠くにいるうちに音楽が終わりそうになったのです。カメラマンやスタッフと思わず顔を見合わせました。「まずい」と無言のうちに確認し、皆で機材を抱えて走り出しました。この曲が終わるまでに、あの人の所にたどりつかなければならない。ぎりぎり間に合いましたが、私は走ったせいで、息が荒くなっています。急いでカメラをセットし、相手の顔を映し出し、スタジオからの呼びかけを待ちます。相手は、息を切らす私を心配そうに見ていますが、無理に笑顔で短く語りかけます。「皆さん、楽しそうでしたね」。相手が答えている間に息を整え、持ち時間の3分は無事終了しました。

本当は、しゃべる人間は、絶対に走ってはいけないのです。息を乱さないよう、早歩き、早歩き。

本番中は何が起こるかわかりません。事前に様々な事態を想定していても、それ以上のことが起こるのです。それでもやってのけなければなりません。瞬間的に智慧を絞り、最善を尽くす。その繰り返しの中で、少しずつ胆力が鍛えられてくるような気がします。決して平気になるということではないのですが、「何とかする」という腹のくくり方とでも言いましょうか。

◆日ごろから練習をする

今、自分が見ているものと同じ情景を相手の頭の中に描いてもらうためには、語彙《ごい》力も要ります。それを一つのストーリーに組み立てる力も必要です。こうしたレポート力を磨くのは、日々の訓練です。

レポート上手な方に聞いた、練習方法をご紹介します。

ある方は、実況中継能力を磨くために、通勤電車の窓から見える風景を毎日中継し続けたそうです。同じ風景でも、毎日実況していると新しい発見があり、それまで見えていなかったものが見えてくるようになります。また、同じ表現を使わない努力もしたと言います。その結果、状況を観察する眼と的確な表現力が身に付いたそうです。

また、スポーツの実況中継の技術を磨くために、休みの日も球場にでかけて客席で実況中継の練習をしたという方もいらっしゃいます。周りからは変な目で見られたけれども、自分で納得できるまで練習したそうです。

独自の表現を磨くために、四字熟語の勉強をして中継に取り入れたという方もいます。様々な練習方法があるものです。自分の得意なことを生かすために、また不得意なところを補うために、独自の練習方法を編み出すのも才能かもしれません。

私もこうして伺ったお話をもとに自分なりのルーティーンをつくり、発声練習や音読を毎日続けています。誰かの講演を聴きに行ったり、落語を聴くのもいい勉強になります。

◇MC（司会者）の心構え◇

MCとは「マスター・オブ・セレモニー」の略で、そのイベント全体を仕切る人を指します。それが司会者です。

イベントの全責任がMCにかかっているという事実を考えると、自分の話す文章だけでなく全体の流れを把握し、途中で何か起こっても対応できるように準備をしておく必要があります。

たとえば、時間通りに進行しているか。イベントの趣旨と違う発言があった場合、どうフォローするか。また、予定していた出演者が来られなくなったり、遅れたりという事故が起こった場合、どう対応するか。

それはイベントの責任者が考えるべきことだと言えば、その通りです。けれども、表に出てしゃべるのはMCです。その時、「出演者がまだ来ないので少々お待ちください」とだけ言えばいいでしょうか。

そうではありません。実際に全体の流れを仕切っているのはMCなのです。様々な事態をシミュレーションして、責任者と確認をしておくべきなのです。

たとえば、出演者が来られなくても、その部分をカットしてどんどん進め、早めに終わっても構わないのか。それとも、どんどん繰り上げ、その人の登場を後にするのか。またはほかの人を入れるのか。時間を早く終わるわけにはいかない場合、どのように時間を埋めるのか。ほかの映像をスタンバイさせておくか、予備の原稿を準備しておき、それを読み上げるか。事故を事故として終わらせないために、様々な準備の仕方があります。

現場においてイベントの責任者は、そこまで気が回らないことがほとんどです。ほかのスタッフの配置や段取りで頭がいっぱいだからです。ですから、全体を司るMCがこうした事態を想定し、提案をし、準備をしておく必要があるのです。自分の責任範囲に関しては、あらゆる事態を想定し、準備をしておくことです。

マウンド上のピッチャーと同じです。いざ試合が始まったら、一人で投げるしかありません。だとしたら、自分の身を守るためにも最大限の準備をし、どんな事態が起こっても動じないようにしておくことです。その準備が安心感になり、自信を持って司会を務めることができます。何より、これだけ準備すると、実は事故は起こらないものなのです。

「無事に終わって良かったね」という偶然の結果と、「何があっても大丈夫」の必然の結果は、同じように見えて全く違うのです。

そして、MCとしての基本は、まずしっかり読めることです。しっかりと声が出て、なめらかに読めることです。そのためには、日ごろからの発声練習が必要です。口を大きく開けて腹式呼吸し、声を出す練習をします。また、口の動きを良くするためには、音読がよい訓練になります。

どんな優秀なスポーツ選手も、日々の練習と本番前のウォーミングアップは欠かせません。それと同じことで、これらは、MC自身の準備です。

本番前に全体の雰囲気をどうするべきかを確認しておくことも大事です。明るくおめでたい雰囲気なのか、荘厳《そうごん》な態度が求められるのか。それによって言葉の選び方やトーンが変わります。

本番中はそのイメージを維持するよう心がけ、全体の雰囲気と合わない話をする人がいた場合はさりげなくフォローしなければいけません。参加した人たちが満足してくれるように、常に気配りが必要です。

だからこそ、マスター・オブ・セレモニー（MC）と呼ばれるのです。

私がいつも心がけていることがあります。それは、出演者もお客様も、幸福で有意義な時間を過ごしていただけるようにということです。

何か新しいことを発見したり、感動したりという奇跡が起きますようにと、いつも願っています。

自分が人からどう見えるかばかりが気になると緊張してしまいますが、こうしたことに意識を集中すると、緊張している暇はなくなるものです。

◇チーム力◇

どんな現場でも、一人でできる仕事はありません。そのため、人と協力し合う力を磨く必要があります。コミュニケーション力とも言えるかもしれません。

その根本にあるのは、感謝の気持ちです。「支えてくれてありがとう」「あなたのおかげでうまくいきました」という気持ちです。

仕事は仲良しクラブではありません。たとえ気に入らない相手でも、同じ目的に向かう同志です。自分と違うおかげで、別の角度からの見方ができたり、補い合ったりできます。仕事においては同質であることだけがいいことではないのです。「いい仕事をするために何をすればいいか」に集中すれば、相手を認めて尊重することの大切さが見えてくるはずです。

第1章で紹介した米大統領選挙での取材も、日米両国のスタッフがチームを組んで取り組む大イベントでした。

日本とは昼夜《ちゅうや》が逆なので、日本の夕方の番組のために中継するにはニューヨーク時間の早朝に中継を入れます。それが終わると、日中はそのまま取材にでかけ、戻って原稿を書いて編集し、また早朝の番組に備えるというハードスケジュールです。

現地支局の記者やスタッフ、日本からの応援チームなど、大所帯で手分けして取材をします。皆が常に興奮状態にあり、短い睡眠時間も気になりません。男性陣はソファで仮眠を取り、私は近くに取ってあるホテルでわずかな休息を取ります。きちんと食事を取る時間は無いので手の空いた順に、サンドイッチなどで簡単に済ませます。

周りのスタッフは私よりも過酷な時間を過ごしているにもかかわらず、私がよい状態で画面に出られるように気を使い、サポートしてくれました。ですから、私もそれに応えるために、一生懸命でした。

「みんなでいい番組をつくろう」という思いが、能力以上の力を引き出してくれたと思います。

◇伝わりやすい話し方をする◇

アナウンサーやキャスターという仕事の経験から、人前で話す必要のある人にレクチャーやトレーニングを頼まれることがあります。

話す時に大切なことは、大きく二つあります。一つ目は、自分の言いたいことは何なのかをはっきりさせることで、二つ目は、聞いている相手のことを考えることです。

「自分の言いたいことがわからないなんて、そんなことはない」と思うかもしれませんが、意外とわかっていないものです。ためしに、自分が言いたいことを声に出して簡単に言ってみてください。枝葉《えだは》の部分ばかり出てきて、肝心の幹の部分が明確ではないことがよくあります。ですから、「自分が言いたいことは、要するにどういうことか」という「結論」をいつも意識することです。

そして、それをまずはじめに伝えると、聞いている側は、内容がよく理解できるようになります。

次に、聞いている相手のことを考えるということは、対象者にとってよくわかるように伝える努力をするということです。年齢や知識、理解力などに合わせて、わかりやすい言葉に言い換えたり、大事なことは繰り返したり、ゆっくり話したりといったことを工夫します。

こうした下準備をせずにいきなり話し出すと、途中でつかえたり、まとまりがなくなったりします。

テレビの視聴者の場合、中学卒業レベルの知識を想定して話すと多くの人にとってわかりやすくなります。ニュースのスタジオにはお客さんがいるわけではないので、カメラに向かってしゃべるわけです。けれども、画面の向こうにいる人たちを意識して伝えることが大切です。

そういう意識があるかないかは、実はよく伝わります。カメラは正直です。「この人の話はわかりやすいな」という場合、その人が自分の目の前にいるような気がしてきます。思わずうなずいたり、問いかけに対して考えたりしてしまう経験はないでしょうか。

けれど、流暢《りゅうちょう》に話しているのに耳に入らない場合もあります。これは、伝え手が視聴者を意識する気持ちがあまりない時に起こりがちです。

キャスターはカメラに向かって話しているのではありません。カメラの向こうの人びとに話しているのです。それはイベント会場などでMCやトークをする場合も同じです。その場にいる一人ひとりに話しかけるように心がけます。MCにとっては目の前にいるのは大勢の人びとでも、その場で見ている人たちからすれば、相手は一人なのですから。

話し方の研修をする時、私はその様子をビデオにとって、受講者本人にも見てもらっています。ある会社の広報担当者の研修をしていた時のことです。自分の受け答えの映像を見たその男性がこう言いました。

「僕はこんな偉そうな態度をしていますか」

お話を聞いてみると、その方はメディアのインタビューが嫌いで、心の中ではつい記者を馬鹿にして話をしてしまっていたそうです。どうせ相手にはわからないだろうと思っていたのに、映像で見ると、態度にはっきり出てしまっていたと言うのです。

そうなのです。自分では気付かないかもしれませんが、実は、思っていることは表情に出ているものなのです。ですから、相手に対する思いやり、感謝の気持ちは常に持っているべきです。

「相手を大切にする」ということは、どんな仕事でも大事なことですね。

◇日本の〝常識〟の外に出る◇

私がアメリカに留学しようと思ったきっかけは、海外のニュースを見て、その視点の違いに驚いたことです。

日本のニュースは、ニュースの選び方も伝える人たちの視点も、基本的に日本人だけを対象にしています。けれども海外のニュースは、世界各地で起こっていることも掘り下げて報道しています。日本では、よほど大きな事件でないと国際情勢にはあまり触れません。

こうした報道に慣れてしまうと、考え方も狭くなってしまうのではないか。もっと広い視野を持ち、日本人以外の考え方を知らなければ、これからはいい仕事はできないのではないか。そう思ったのです。

◆個性への考え方

実際、アメリカへ行くと驚くことばかりでした。日本では、調和を重視するために個性を出さないことが美徳と考えられがちで、時に、ほかと違う者は排斥されます。けれどもアメリカでは、自分を出さないと存在を認められません。

たとえば、仕事について尋ねる場合、日本では、「どこの会社に勤めていますか」と所属を聞きますが、あちらでは、「どんな仕事をしていますか」と仕事の内容を聞きます。どこに所属しているかよりも、あなたは何をしている人なのかという人物に関心があるのです。また、折々に「あなたはどう思う?　あなたならどうする?」と聞かれます。答えられないと「何も考えていない人」ということになってしまいます。

ある時、知人とテレビを見ていると、中国のニュースについて「同じアジア人としてどう思う?」と聞かれ、言葉に詰まりました。このような質問は、日本では経験のないものでした。この時、どれほど自分が日本のことを知らないか、国際情勢に目を向けてこなかったかを、恥ずかしいほどに思い知らされました。

◆政治への見方

また、アメリカで大統領選挙の取材をしていた時、インタビューすると、年齢や性別に関係なく、ほとんどの人が自分の政治的関心事と支持する候補者を明確に答えてくれました。日本では、街頭でインタビューをする時にとても苦労します。マイクを向けると逃げてしまうのです。日本人は自分の考えを人に伝えるということに慣れていないのかもしれません。

調和は美徳ですが、一方で政治への関心を持ち、自分の立場や意見をしっかり言える国民性を育てる必要があるのではないでしょうか。

もちろん、語学力も大切です。お恥ずかしいことに、留学したからといって語学が堪能《たんのう》になるわけではないことは身を持って実感しています。これはもう腹をくくって勉強を続けるしかないのです。

◆宗教への理解

さらに、国際的な視点を持って仕事をするためには、宗教への理解が必須です。海外で生活すると、いたるところで宗教と出会います。その人の信条であるとか生活習慣が、宗教に根差していることが多いのです。それを知らないと、信頼関係を築けないことがあります。

ですから、海外で取材するためにマスコミは、宗教に関する知識と理解が必要です。今、世界のあちこちでテロや軍事的対立が起こっていますが、その背景には宗教があります。その宗教の知識がないと争いの根本原因がわかりません。

キリスト教文明とイスラム教文明の争いは、十字軍から現在まで実に1000年間続いています。キリスト教の中でもカトリックとプロテスタントは対立してきましたし、イスラム教の中でも、スンニ派やシーア派などの違いがあります。どちらか一方だけが正しく、片方が完全に間違っているということはないと思います。

それぞれの信仰や大切にしているものを理解できなければ、争いが止むことはないのではないでしょうか。（『正義の法』168‐174ページ参照）

宗教的素養とは、「なぜ、私はこのように考えるのか。なぜ、このように行動するのか」といった根幹の部分です。そのため、今後、日本のマスコミが世界で起こる事件を正しく理解し、報道をするためには、宗教的知識が欠かせないのです。

◆「アジアの中の日本」「世界の中の日本」の視点

また、日本人の意識を高めるためにも、これからは日本のみに通用するニュースの内容だけでは不十分です。アジアの中の日本、世界の中の日本という視点からの報道も必要です。

さらに、日本から海外への情報発信ももっと増やすべきでしょう。

前出《ぜんしゅつ》の「従軍慰安婦」問題も、日本がもっと正確な情報を世界に向けて発信し、誤りを正していかなくてはなりません。日本の歴史や考え方を理解してもらわなければ、他国からの協力も支持も得られないのです。

アメリカの力が弱まり、アジアにおいて中国への警戒感が高まっている現在、日本の果たすべき役割は大きなものがあります。日本から発信されるニュースも、これからさらに注目を集めるようになるはずです。メディアにも、そうした意識変革が求められています。

【参考文献】

大川隆法著、『大川総裁の読書力』、幸福の科学出版、２０１３年

大川隆法著、『智慧の法』、幸福の科学出版、２０１５年

大川隆法著、『正義の法』、幸福の科学出版、２０１６年

（1）「アー・ユー・ハッピー？」2010年11月号：通巻77号、「日本人が知らない中国の真実」

（2）平松茂雄著、『実践・私の中国分析』、幸福の科学出版、2012年、108－109ページ

おわりに

ジャーナリズムは、人びとの「知る権利」に応えるために発達してきました。ここで大切なのは、人を幸福に導く「知るべき真理は何か」ということです。『国家』の中でソクラテスは、真実を見ることの難しさを、洞窟《どうくつ》に住まう囚人たちの例を用いて説明しています。

地下の洞窟に子どものころから手足を縛られて、洞窟の一部の面だけを見て暮らしている囚人たちがいます。彼らは後ろを振り返ることができません。彼らの後ろでは火が燃えていて、彼らを後ろから照らしています。この火と彼らの背中の間を、人や動物、様々なものが通過します。すると、その火に照らされて、囚人たちが見ている壁面に、通過するものの影が映ります。

囚人たちは、振り返って実物を見ることができないので、その影を本物だと思い込んで、「影」についての感想を語り合います。囚人たちにとっては、「影」こそが、実在なのです。

けれど、ある時、一人の囚人が縛りを解かれ、振り向いて火の方向を見、その影の本体を見るように言われます。

それまで火を見たことがなかった囚人は、その明るさに目がくらみ、実物をよく見ることができません。彼にとっては、見慣れていた「影」のほうが、実物に感じられたかも知れません。

さらに、洞窟を出て、太陽の光のもとであらゆる事象を見るように強要され、囚人はそのまぶしさに戸惑います。

しかし、目が慣れてあらゆる事象を見た囚人は、「真実」と「影」の違いを知り、それまでの愚かさを恥じます。(1)

ソクラテスは、「真実」を見ることのできる者とできない者の違いを嘆きます。

ジャーナリストは、「影」に惑わされることなく、「真実」を見つめ、伝え続けなければいけません。それこそが、人びとを真に幸福にする道だからです。

しかし、自分こそが真実を知っていると思い込んでいる人は、聞く耳を持ちません。

「真理」を求める途上では、「影」を実物と信じる人びとから迫害を受けることもあります。J・S・ミルは、『自由論』の中で、意見の発表を沈黙させることは人類の利益を奪い取ることだと言っています。そしてその最大の被害者は、イエス・キリストと、ソクラテスだったというのです。(2)

数千年の時を越えて人類から尊崇されるかの偉人たちは、当時、「人心を惑わす」という言論の罪によって処刑されました。

彼らの言葉が真実であったことは、現代に生きる私たちにとっては明白です。けれど、当時の人びとにはそれがわからず、彼らを否定し、葬ったのです。

自分偉しと思う心、自分が生きやすくなるための価値判断、そうしたものが人びとの目を狂わせます。だから、真理と出会うためには、謙虚さが求められるのです。

「言論の自由」と「出版の自由」を求めたミルトンは、こう訴えました。

「真理と虚偽を組み打ちさせよ。自由にして公然と開かれた対決場で、真理が負けた例がありましょうか。光ならびにより明るい知識を祈り、それらが地に送られるのが聞ける人にはわかるでしょう」

「真理には場だけ与えよ。眠っている真理を縛るようなことをしてはなりません」(3)

「表現の自由」とは、「真理を解放することをだれにも邪魔する権利はない」ということです。

ジャーナリストは、謙虚でなければいけないと思います。そうであってこそ、

「何が真実であるか」を見極めることができるのです。

私にとって「無知の知」は、真実を、真理を知りたいという好奇心であり、学び続ける原動力です。

志を同じくする人たちと、人びとの幸福のためにともに努力することができたら、こんなに幸せなことはありません。

2016年10月19日

ハッピー・サイエンス・ユニバーシティ　レクチャラー　田中順子

【参考文献】

（1）プラトン著、藤沢令夫訳、『国家（下）』、岩波文庫、2008年、104-111ページ
（2）J．S．ミル著、塩尻公明＋木村健康訳、『自由論』、岩波文庫、1971年、36、53-54ページ
（3）ミルトン著、原田純訳、『言論・出版の自由』、岩波文庫、2008年、73-74ページ

著者＝田中 順子（たなか・じゅんこ）

ニューヨーク大学大学院ITP修士課程、青山大学大学院 国際政治経済学研究科 修士課程修了。元日本テレビ「ニュース プラス1」メインキャスター。現在はフリーアナウンサー、大学講師、コミュニケーションセミナー講師として活動。HSUレクチャラー。「ジャーナリズム論Ⅰ・Ⅱ」「スピーチコミュニケーションA」などの授業を担当。著書に『母と子の愛コミュニケーション』（文芸社）『心をつなぐスピーチ・コミュニケーション』（東京図書出版）などがある。

真実の扉を開くジャーナリズム論

知の翼を羽ばたかせるために

2016年11月4日　初版第1刷

著者　田中 順子

発行　HSU出版会
〒299-4325 千葉県長生郡長生村一松丙4427-1
TEL（0475）32-7807

発売　幸福の科学出版株式会社
〒107-0052　東京都港区赤坂2丁目10番14号
TEL（03）5573-7700
http://www.irhpress.co.jp/

印刷・製本　株式会社 サンニチ印刷

落丁・乱丁本はおとりかえいたします

ISBN978-4-86395-845-6 C0030

写真：© Joe Prachatree / Shutterstock.com , © passion artist / Shutterstock.com

大川隆法著作シリーズ　未来創造学を学ぶ

「未来創造学」入門
未来国家を構築する新しい法学・政治学

政治は創造性・可能性の芸術である。「国民の幸福のために国家はどうあるべきか」を政治・法律・税制のあり方から問い直す。

政治哲学の原点
「自由の創設」を目指して

政治は何のためにあるのか。真の「自由」、真の「平等」とは何か——。全体主義を防ぎ、国家を繁栄に導く「新たな政治哲学」が、ここに示される。

法哲学入門
法の根源にあるもの

ヘーゲルの偉大さ、カントの功罪、そしてマルクスの問題点——。ソクラテスからアーレントまでを検証し、法哲学のあるべき姿を探究する。

いずれも1,500円（税別）／幸福の科学出版

大川隆法著作シリーズ　ジャーナリズムを学ぶ

池上彰の政界万華鏡

どうする日本政治？　憲法改正、原発稼働、アベノミクス、消費税増税——。人気ジャーナリストの守護霊が、わかりやすく解説する。

クローズアップ国谷裕子キャスター

NHKの〝看板〟を霊査する

ＮＨＫは公正中立な「現代を映す鏡」なのか？「クローズアップ現代」国谷キャスターの知られざる本心に迫る。衝撃の過去世も次々と明らかに！

ＮＨＫ新会長・籾井勝人守護霊本音トーク・スペシャル

タブーにすべてお答えする

「ＮＨＫからマスコミ改革の狼煙を上げたい！」籾井会長守護霊が公共放送の問題点に斬り込み、テレビでは言えない本音を語る。

現代ジャーナリズム論批判

伝説の名コラムニスト深代惇郎は
天の声をどう人に語るか

従軍慰安婦、吉田調書——朝日の誤報問題をどう見るべきか。「天声人語」の名執筆者・深代惇郎が、マスコミのあり方を鋭く斬る！

いずれも1,400円（税別）／幸福の科学出版

学部のご案内

人間幸福学部

人間学を学び、新時代を切り拓くリーダーとなる

人間の本質と真実の幸福について深く探究し、
高い語学力や国際教養を身につけ、人類の幸福に貢献する
新時代のリーダーを目指します。

経営成功学部

企業や国家の繁栄を実現する、起業家精神あふれる人材となる

企業と社会を繁栄に導くビジネスリーダー・真理経営者や、
国家と世界の発展に貢献する
起業家精神あふれる人材を輩出します。

未来産業学部

新文明の源流を創造するチャレンジャーとなる

未来産業の基礎となる理系科目を幅広く修得し、
新たな産業を起こす創造力と起業家精神を磨き、
未来文明の源流を開拓します。

未来創造学部

時代を変え、未来を創る主役となる

政治家やジャーナリスト、ライター、俳優・タレントなどのスター、
映画監督・脚本家などのクリエーターを目指し、国家や世界の発展、
幸福化に貢献できるマクロ的影響力を持った徳ある人材を育てます。

キャンパスは東京がメインとなり、2年制の短期特進課程も新設します
(4年制の1年次は千葉です)。2017年3月までは、赤坂「ユートピア
活動推進館」、2017年4月より東京都江東区(東西線東陽町駅近く)
の新校舎「HSU未来創造・東京キャンパス」がキャンパスとなります。

未来創造学部とは

未来創造学部は、多くの人々を幸福にする政治・文化（芸能）の
新しいモデルを探究し、マクロ的影響力を持つ徳ある人材を
養成し、新文明の礎となる文化大国・輝く未来社会を
創造することを使命としています。
「政治・ジャーナリズム専攻コース」と
「芸能・クリエーター部門専攻コース」の2コースに分かれます。

芸能・クリエーター部門専攻コース

俳優、タレント、映画監督（実写・アニメーション）、脚本家などを目指す方のためのコースです。演技や制作の理論・歴史、作品研究等を学び、映像制作、脚本執筆、演技実習などを行い、新時代の表現者を目指します(本コースは、さらに「芸能専攻」と「クリエーター部門専攻」に分かれます）。

政治・ジャーナリズム専攻コースとの相互履修制度や共通科目によって、政治や社会への理解と見識を深められると共に、政治家への転身を視野に入れた学びも可能です。

政治・ジャーナリズム専攻コース

将来政治家や政治に関する職業、ジャーナリスト、ライター、キャスターなどを目指す方のためのコースです。政治学、ジャーナリズム研究、法律学、経済学等を学び、政策をわかりやすく解説して、啓蒙できる人材の輩出を目指します。

芸能・クリエーター部門専攻コースとの相互履修制度や共通科目によって、文化的教養や、人の心をつかむためのＰＲ力、表現力を高める学びが可能です。

―短期特進課程について―

未来創造学部では、通常の４年制に加え、主に現役活動中の方や
社会人向けなどの２年制の短期特進課程を設置しています。

2016年度は、「芸能専攻」のみ短期特進課程をスタートし、
翌2017年に、「クリエーター部門専攻」「政治・ジャーナリズム専攻」
の短期特進課程をスタートします。

未来創造学部のキャンパス構成

・４年制の場合

英語・教養科目が中心の１年次は長生キャンパスで授業を行い、２年次以降は東京キャンパス※で授業を行います。

・２年制の短期特進課程の場合

１年次・２年次ともに東京キャンパス※で授業を行います。

(※)東京キャンパスについて

赤坂・ユートピア活動推進館

2017年3月までは、赤坂・ユートピア活動推進館がキャンパスになります。

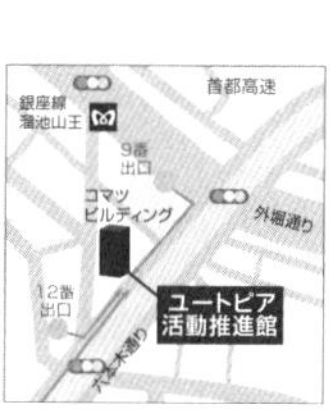

〒107-0052 東京都港区赤坂2-10-8

HSU未来創造・東京キャンパス

2017年4月より東京都江東区(東西線東陽町駅近く)の新校舎がキャンパスになります。

ジャーナリズムを学べる未来創造学部テキスト

HSUテキスト7

未来創造学入門Ⅰ(上)

泉聡彦 編著　1,500円(税別)

未来創造学部必修授業テキスト。学部ディーンが語る、「自由からの繁栄」を実現する日本発の新たな政治モデルとは。

愛と勇気のジャーナリズム

「ソクラテス的人間」を目指して

綾織次郎 編著　1,100円(税別)

勇気をもって正論で戦う人々の気概に触れながら、ジャーナリズムの正義を探究した一書。情報の取り方・生かし方などを学ぶメディア・リテラシーについても詳述。

誰がマスコミ権力を止めるのか

愛と勇気のジャーナリズムⅡ

綾織次郎+里村英一 編著　1,100円(税別)

現代のマスコミの問題点を明らかにし、改革の指針を示した一書。黙殺権を打ち破り、世界で「自由の創設」をするミッションを語る——。

いずれもHSU出版会